脳はAIにできないことをする

5つの力で人工知能を使いこなす

茂木健一郎
Kenichiro Mogi

徳間書店

プロローグ

人間とAIは、たとえて言えば、ウサギとカメ

ＡＩは人間の敵か、味方か？

ＡＩ（Artificial Intelligence、人工知能）という言葉を新聞やテレビ、あるいはネットで目にしたり耳にしたりする日がないと言っていいほど、もはやこの言葉は一般用語化しています。気づいているかいないかはともかく、**AIはすでに私たちの生活のさまざまな場面に導入されており、必要不可欠な存在になっています。**

例を挙げると、マッチングアプリ。あるいは多くの人がよく見るユーチューブ。こう見ていくと、ＡＩが生活の隅々にまで浸透しており、もはやそれがない時代に戻ることもできないし、実際に不可能です。

そのＡＩは実に恐ろしいスピードで進化を遂げています。人間の計算力や記憶量をはるかに凌駕し、全人類の知識量を合わせてもかなわないくらいの豊富な知識量を持つのもそう遠い日のことではなさそうです。

現在、ＡＩについての論調を見ていくと、大きく2つに分けることができます。その1つが、ＡＩが人間の仕事を奪ってしまうという悲観論。もう1つは、人間の暮らしをさらに便利で豊かなものにしてくれるという楽観論。

新しいものが出現したときには、歓迎する人もいれば、一方で反発する人もいます。そのどちらも存在しますが、ＡＩとて例外でありません。

ＡＩの場合は、悲観論、楽観論を通り越して、ディストピア（暗黒世界）とユートピア（理想郷）の2つに収斂されます。どちらのほうが多いかと言えば、圧倒的に前者。つまり、ＡＩに対して絶望を感じている人が多いということで、メディアの論調を見ても、ネガティブなものが多くを占めています。

ＡＩは人間の敵……。そう思っている人も少なくないようで、たとえば私が講演会でＡＩの話をすると、必ずと言っていいほど「どうすればＡＩ時代に生き残ることができるでしょうか？」とか「どうすればＡＩに仕事を奪われずに済みますか？」という質問を多く受けます。それについては、「脳を活性化すること」と答えるよりほかないのですが、質問者と同じように思っている人は多く、不安や心配をしている人は想像以上に多いようです。どうすれば、人間はＡＩに太刀打ちできるのかは、多くの人が知りたいことであり、本書でもその方法を模索していきます。

疲れたらすぐに休もうとするのが人間

さて、突然ですが、クイズです。みなさんは童話の「ウサギとカメ」をご存じのはずです。ウサギとカメが競走する話で、最初は勢いよく飛び出したウサギが、のろのろと進めないカメを尻目に、圧倒的なスピードで差を広げていきます。

あまりにも差がつきすぎたので、カメを待っているうちに、ウサギは余裕をかまして、そのうちに寝てしまいます。目を覚ましたウサギが「まだ来ないのか?」と、相変わらずのんびりしていると、すでにカメはウサギを抜き去っています。知らないのは、怠け者のウサギだけ……。

この「ウサギとカメ」を人間とＡＩに適用するとしたら、どちらがウサギで、どちらがカメになるでしょうか……。あなたならどう答えますか?

先に答えを言ってしまうと、**「ウサギが人間。カメがＡＩ」**です。こう言うと、意外に感じる人は多そうです。逆だと思っている人がほとんどかもしれません。

考えてもみてください。人間は好きなことには熱中してトコトン取り組む一方、好きではないこと、苦手なことには、なかなか取り組もうとせずにいます。新しいことにはすぐに反応するものの、慣れたことや古くからあるものには興味を示そうとすらしません。疲れたら、すぐ休もうとしたり、あまつさえサボろうとしたりすることもあります。念のために言うと、あなたのことを指摘しているのではありません。

面倒なことを先送りしてしまうのも、日常茶飯事。総じて、どこかしら気まぐれなところがあり、それがまたウサギにピッタリです。

一方の、ＡＩはと言うと、目の前に課題を与えられると、疲れ知らずで休むことなく稼働します。好きなこともなければ嫌いなこともなく、それでいて常に一定のパフォーマンスを発揮します。マンネリもなく、常に同じクオリティーを誇ります。

まだそれほど昔でもないＡＩ出現時（１９５０年代）は確かに安定感もなく、見るべき成果を上げることもできず、コツコツと１歩１歩進んでいくしかありませんでした。カメのようにゆっくりとした歩みでしたが、学習を繰り返し、いつの間にか怠惰なウサギを抜き去るところにまで来ています。このままウサギが怠けていたら、差は開く一方。もはや追いつくことも不可能な状態になりつつあります。

ＡＩと脳の研究は密接不可分

ウサギとカメにたとえて言いましたが、現実の人間とＡＩの関係も同じようなものです。まだ人間のほうがリードしている分野もありますが、多くはＡＩのほうが人間をはるかに凌駕しつつあります。その傾向は強まりこそすれ、弱まることはありません。カメであるＡＩにウサギである人間が負けてしまっている……。この現実は否定できない現実です。

ここまで来ると、本書はディストピアを描くように思えるかもしれませんが、そんなことはありません。カメに追い抜かれたウサギが再びピョンピョンと飛び跳ねて、カメに追いつき追い越して、自由に野原を駆け回るようになるにはどうすればいいかをお話ししていきます。怠けたり寝たりするウサギをやる気にさせる方法についても、触れていきます。

現実は童話のような結末を迎える必要はなく、書き換えることも可能。そのために人間は何をなすべきなのかを、本書でじっくり語っていきます。

ＡＩが日常になった未来は、決してディストピアになると決まっているわけではありません。ユートピアになる可能性も大いにあります。それは、すべての人間が、もちろん、その中の１人であるあなた自身が、ウサギのように自由にピョンピョン飛び跳ねられるかどうかにかかっています。そのヒントは本書にあります。

その前に、脳科学者がＡＩを語るのはヘンだと思う人もいるかもしれないので、私がなぜＡＩに興味を持つようになったのかを少し話しておきましょう。世界中の優秀な研究者とおカネが投入されているＡＩは、脳と密接不可分だからです。

大規模言語モデル（ＬＬＭ）には脳の処理と似たような部分があります。もちろん、必ずしも同じというわけではないですが、ＡＩの研究をしていくと、脳機能についても理解しなくてはならなくなってきています。これは、逆も言えます。

ＡＩの研究を進めていけばいくほど、脳の領域に近づくことになり、反対に脳の研究を進めていけばいくほど、ＡＩの領域に近づくことにもなります。不思議なことに、両者は密接不可分で、結びつきもドンドン強くなっています。

シンギュラリティーはすでに現実

かつては脳のほうがＡＩよりも処理スピードが速かったのに、もはや逆転していま す。現実を見れば、すでにシンギュラリティー（技術的特異点）は起きています。

シンギュラリティーとは、「２０４５年にはＡＩが人間の知能を超える」という未来学者のレイ・カーツワイルが唱えていた説です。レイ・カーツワイルがその説を唱えたのは、２０１３年。まだまだ時間があると余裕をこいていた人は少なくないですが、２０２４年のＣｈａｔＧＰＴ－4oの登場でもはやシンギュラリティーは現実のものになったと認めざるを得ません。

このままＡＩの進化のスピードが続けば、人間はついていくどころか、離されていく一方。ＡＩと人間のかかわりを語るには、その前提に立っていなければなりません。だからと言って、人間はもはやＡＩに太刀打ちできないと決めつけるのも危険です。確かにＡＩの進化のスピードと変化はスゴイですが、それに適応していくことも、またその力を借りて人間自身が成長していくことも可能です。本書では、そのこともお話ししていきます。

なお、本書は、ＡＩの具体的な活用法を詳述するものではありません。ＡＩが本格的に社会の隅々にまで搭載されるようになったときに、どのように人間自身が向き合えばいいのか、人間自身はＡＩをどのように利用していけばいいのか、さらにＡＩを使いこなせるようになるためにこれから人間は何をすべきなのかを考察していきます。

ＡＩが人間より賢くなるのはもはや止めることはできないでしょう。それでも人間の存在価値がなくなるわけではなく、**本格的なＡＩ時代になっても人間だけが成し得ることはある**はずで、それを模索していきます。

そのためには、今よりももっと脳を活性化させることです。脳をドンドン活性化させて創造性あふれるものにしていけば、本格的なＡＩ時代になっても人間は活躍できるし、豊かで幸せな社会を築くことができるでしょう。そのためには、人間自身がＡＩに負けず劣らず成長していかなければなりません。

前置きはここまで。早速、始めましょう。

プロローグ

人間とＡＩは、たとえて言えば、ウサギとカメ

1章

今、起きていること、これから起ころうとしていること

2章

本格的AI時代はこうなる!

3章

ＡＩと人間には、それぞれ得意／不得意がある

4章

ＡＩとともに進化する生き方

5章 ＡＩ時代に身につけておきたい5つの力

6章

AI時代の脳の使い方・鍛え方

エピローグ

AIの活用で人間の可能性は無限に広がる

編集協力●岩崎英彦
イラスト●ほりうちこ
写　真●佐藤宏樹
デザイン●大谷昌稔（大谷デザイン事務所）

1章

今、起きていること、これから起ころうとしていること

２０２４年はＡＩ以後の始まり

ＡＩ以前とＡＩ以後――。ＡＩが日常生活の隅々にまで浸透するようになり、人間社会にとって欠かせないもの、インフラのような存在になると、その転換点となる年の前とあとをこんなふうに表現するようになるのかもしれません。

ＡＩ以前とＡＩ以後では、社会も生活も、１人１人の生き方もガラリと変わります。その転換点となる年はあとになってみなければ分かりませんが、おそらく２０２４年のような気がします。

２０２４年より前がＡＩ以前。２０２４年よりあとがＡＩ以後。21世紀も半ばとか後半になると、そのような見方が定着しているかもしれません。

２０２４年がどういう年だったのかと言えば、ＣｈａｔＧＰＴ-4oが登場し、本格的にＡＩが日常生活の中に入り始めていった年。分からないこと、困っていることがあればＣｈａｔＧＰＴに聞いて理解したり解決したりするようなことが一般的になるだけでなく、ビジネスでも多くの人がＡＩを使って翻訳したり資料や報告書をつくったりすることが当たり前になっています。

人手不足だからと言って、誰か１人を採用するよりはＡＩを活用することで仕事を回していくほうが成果も出るし、採用や人件費のコストを抑えることにもつながると分かり、企業経営においてもＡＩ活用は重要な戦略となりつつあります。実際にＡＩに投資する企業は増えています。

ビジネスに限らず、プライベートなど日常生活においても、もはや「ＡＩを使わない」という選択はなくなっています。いいえ、**AIがなければ、社会が回っていかない**……。完全においてそうなるのももはや遠い先の未来とは言えなくなっています。

すでに私たちはＡＩ以後の時代に突入しています。このＡＩ以後がどんな時代になっていくのかは、まだ誰にも分かりません。ＡＩに聞いても、正確な答えは返ってこないでしょう。少なくとも言えるのは、人類がこれまで経験してこなかったような時代を迎えること。ＡＩ以後をひと言で表現すると、こうなります。

AIの真実　もはやインフラになりつつある。

予定調和がなくなり、すべてがガチンコになる

ＡＩ以後の人生は、予定調和や計画どおりということはなくなり、「一寸先は闇」とも言うべき何が起こるか分からない予測不可能なものになります。ＡＩの進化のスピードが速く激しくなって、「こうすれば大丈夫」「こうやればうまくいく」というノウハウやセオリーもすぐに有名無実化して、役に立たなくなります。ＡＩの進化に合わせて、生き方を変えていくことを余儀なくされます。

まるでＡＩの進化に適応して生き方を変えていく――。言うなれば、「ＡＩ進化論」の始まりです。

ともあれ、シンギュラリティーが起きてしまったことで、私たち人間にどんな影響があるのかと言うと、この項の冒頭でお話しした予定調和がなくなること。それが何を意味するのかと言うと、台本や筋書きのあるような人生を送ることが難しくなることと。まさにガチンコの始まりです。

「一寸先は闇」で、ＡＩが突然、超進化を起こせば、それまでに適応してきたやり方を大幅に変えることを余儀なくされるし、同じようにＡＩのアルゴリズム（計算可能な問題に対して解を正しく求める手続き。算法）が変われば、それに対応していたビジネスをしている人も大幅な制度設計の変更を迫られます。ある意味では、ＡＩの動向によって仕事や生活が右往左往させられてしまうとも言えます。地震や火山の噴火、台風などの自然災害によって生活環境がガラリと変わってしまうのと同じです。

こう言うと、救いがないように感じる人は多そうですが、人間は本来、そういう人生を送ってきています。人類の歴史自体が自然環境の変化に適応してきた結果です。適応していく対象が自然環境にプラスしてＡＩが加わっただけのこと。これまでのように変化に適応していけば、これからのＡＩ時代も乗り切っていけるはずです。

安全安心安定の道を歩いていたのは、20世紀半ばから後半のほんの数十年間だけ。ある意味では、人間本来の生き方に回帰していると言えなくもありません。

変化に適応していく人間の潜在能力をオンにすれば、AIが進化する予測不能な時代環境を乗り切ることは決してムリなことでも、できないことでもありません。人間が本来していたガチンコの生き方に戻ったと考えれば、ＡＩ時代も案外スムーズに適応して、むしろこれまで以上に幸せで自由な生き方をすることはあり得ないことでもないでしょう。

予定調和を排した、変化にうまく適応していく生き方――。それが、ＡＩ時代にすべての人が追求すべき生き方になってきます。

人間には、変化に適応していくＤＮＡが組み込まれているのですから、必ずやうまくやっていけるはずです。今を生きる私たちはもちろん、未来を生きる私たちの子孫も――。

ＡＩの真実 進化も変化も頻繁に起こる。

教育の前提が大きく変わる

ＡＩが人間の社会や生活の隅々にまで入り込むようになると、あらゆるものがガラリと変わっていかざるを得なくなりますが、特に影響が大きいものを挙げると、教育と働き方（ビジネス）です。どちらも私たちの人生に不可欠なものであり、その意味では、程度の差はあれ、すべての人がＡＩの進化の影響を受けることになります。

ＡＩの進化普及によって、教育のあり方は全面的に変わっていきます。まず知識偏重、制限時間内に問題を速く、かつたくさん解くような教育は、なんの意味もなさなくなります。知識の量においては、もはや人間がどう足掻いてもＡＩに対抗するのは難しく、詰め込むだけの教育をするのは百害あって一利なしです。

別にＡＩが身近になることで、「知識が不要になる」と言っているのではありません。知識は必要ですし、それを覚えることは脳機能を活性化させることになるので、どんなにＡＩが進化してもこれからも欠かせないことです。制限時間内に詰め込んだ知識の量を問うような偏差値を重視した教育が不要だと言っているだけです。

知識全般がなければ、ＡＩを使いこなすことはできないし（プログラミングに関する知識だけを言っているのではありません）、逆にＡＩが出した答えを理解することも難しくなります。必要なのは学校教育以外で得られる知識、生活するために必要な知識で、本を読んだり人と交流したりビジネスをしたりするときに使って活かせる知識を身につけること。それはこれからも変わりません。

知識の量や正確さを問うような教育をしたとしても、たとえば同じ試験をＡＩと人間が受けたとしてももはやＡＩのほうが圧倒的に速く、かつ正確に解いてしまいます。

偏差値にとらわれた教育を推進するのは、時代遅れです。

幼いうちから受験のために勉強をして知識を詰め込んで合格し、いわゆる一流大学や上場企業に入ったとしても、ＡＩのほうが速くかつ正確に処理してくれるようになるのですから、活躍する場も見つからなくなることでしょう。それよりもこれからの時代に必要な力を身につけて活用していくほうが、ＡＩ時代に活躍する人材になることができます（5章で詳述します）。

これからの教育に求められるのは、人間にしかできないこと、1人1人が自分にしかできないことを追求できる力を蓄えること。ＡＩに任せたほうが速いことはドンドンやってもらって、人間にしか、もっと言えばあなたにしかできないことをトコトン追求していく人が社会でも求められるし、活躍します。従来型の偏差値重視の教育では、そういうたくましい人材を輩出できないし、そうした教育にしがみついていると、本当にＡＩ時代に取り残されるようになっていきます。

ＡＩにも得意なことがあれば、苦手なこともあります。それは、人間も同じ。従来型の知識だけを詰め込むよう教育を受けている限り、ＡＩに勝つことはできず淘汰されるだけです。

勝負するのならＡＩが苦手としていること、できないでいることで知識やスキルを磨き、経験を積んでいって、自分の能力を最大限に活かせるようにする――。そんな教育こそ、これからのＡＩ時代に求められるものです。

ＡＩの真実　従来型の教育をしている限り、取り残される。

あなたの仕事はＡＩに取って代わられるが、新しい仕事も必ず増える

ＡＩの進化によって、１人１人の働き方についても、影響を被るのは間違いありません。オックスフォード大学の予測では、今ある仕事の49％はＡＩに取って代わられてしまうと言われています。ＡＩが生活の隅々にまで浸透してくると、人が不要になるのは間違いのないことで、現実にそういう場面を散見します。

私の家の近くにあるスーパーマーケットに久しぶりに行ったところ、それまでは有人によるレジに自動精算の機械が導入されていました。それまで人がやっていた会計作業を客が自分で精算するようになるのは日本のどこのスーパーマーケットでも見られますが、家の近くでも導入されたので、「とうとうここまで来たか」と言う感慨があります。それによって影響を受けるのは、スーパーマーケットで働く人たちです。

人手による会計の場合、常時、３人か４人でこなしていましたが、自動精算レジが導入されると、その場にいるのは１人だけ。この事実だけを見ても、ＡＩによって人

員削減が進んでいることを物語っています。実際には、ＡＩによって２人とか３人がリストラされるのではなく、交代勤務でシフトを回すことになるのでしょうが、働く人たちにとっては勤務時間が減ることになるので、実入りが少なくなるのは間違いなさそうです。ワークシェアリングと言えば、聞こえはいいですが、ＡＩの進化によって人員削減が進むのは避けられないことです。同じように、あなたが現在、就いている仕事もＡＩに取って代わられてしまうかもしれません。

その一方で、**AIの登場によって、20世紀には見られなかった新しい職種も誕生しています**。たとえば、データサイエンティストやユーチューバーやドローン操縦士といった職種が新たに誕生していますし、これからもっと増えるかもしれません。

時代によって求められる仕事は変わってきますし、それはこれまでも、そしてこれからも同じです。ＡＩによってなくなる仕事もあれば、新しくできる仕事もあります。同時に、時代が変わってもなくならない仕事もあります。医療や介護などにかかわる仕事はこれからもなくなることはありません。

どんな仕事に就くのも自由。職業選択の自由は誰にでもあるのですから、どんな職に就いてもいいいし、自分自身で決めればいいことです。ただし、流行り廃りや技術の進化によって、なくなる仕事と新しく生まれる仕事もあるので、どんな仕事に就いて稼いでいくのかは自分自身で決めていかなければなりません。

これまでにも産業の盛衰は見られたことです。20世紀前半は繊維、鉄鋼が主要産業でしたが、やがて電器、自動車がメーンに変わっていき、21世紀前半はコンピューターが台頭しています。これからはＡＩに関係する産業が主流になるのでしょうが、どんな仕事が求められるのかは、まだ読み切れません。

どんな仕事に就けば食いっぱぐれないかは、自分自身が判断しなければならないことです。どうすればそういう仕事を見つけられるかは、従来型の教育を受けているだけでは難しくなってくるでしょうし、自分自身が見つけていくしかありません。あるいは働きたい仕事がなければ、自分自身でつくってしまうという方法もあります。

いずれにせよ、ＡＩの進化普及によって、働き方は変わっていかざるを得ません。その影響は誰も避けることができないことです。

ＡＩの真実　なくなる仕事もあれば、新しくできる仕事もある。

知られざるキンドルの多作作家

私が関係している出版業界においても、すでにＡＩによる影響はいろいろなところで見られます。イギリスの編集者に聞いたことですが、アマゾンは同一人物によるキンドルでの出版を１日に３点以内に制限すると発表したそうです。

なぜアマゾンがキンドル出版の点数制限をしたのかと言うと、ＡＩを使えば、ドンドン出版できてしまうから。海外ではＡＩを使って本をつくる人がいて、１日に何点もアップしていたため、それに歯止めをかけるようにしたというのが真相のようです。

ＡＩに「登場人物はこういう人で、こんなストーリーにして、こういう結末にする」と要求すれば、２００ページや３００ページの本など、数分でつくれてしまいます。

もっとも、その出来はどうかと言うと、三文小説の域を出ないようです。それでもスキマ時間にサッと読めるくらいの内容は維持できていて、価格もそれほど高く設定されていないので、割合に需要があるらしいとのこと。夏目漱石やドストエフスキーの書く小説とは天と地ほどの差はありますが、好きな人がいるのも事実です。一定程度の需要はあるものの、「悪貨は良貨を駆逐する」の言葉どおり、そんな小説ばかりになったら、名作が読まれなくなってしまう危険性は大です。あくまでも邪推ですが、アマゾンはそうした事態を懸念して出版点数に制限を設けたのかもしれません。

とは言え、今はまだ三文小説しか生み出せなくても、今後、進化していけば、漱石やドストエフスキーを凌駕するような名作を生み出すことも決して「あり得ない」ことではないです。

1日3点の出版。それも毎日。人間の作家ができることではありません。いい／悪いは別にして、ＡＩは世界一の多作作家と言っても、過言ではないでしょう。

ちなみに、キンドルで1日3点出版できるとして、50円という低価格で出品しても、1点あたり約30点売れれば、約１０００円の印税が入り、３点で１日約３０００円の実入りを得られます。３６５日毎日出版すれば、１年で１００万円強を得られることになり、副業とするには十分な仕事と言えそうです。

ＡＩの真実　小説さえもカンタンに生み出せる。

これからはＡＩを使いこなす人、ＡＩの指示に従う人に二分化される

ここまでさまざまな面からＡＩを見てきましたが、人間とのかかわりで言うと、これからの時代はこうなるに違いないということを先に言っておきます。それは、ＡＩを使いこなす人とＡＩの指示に従う人に大きく分かれてしまうということです。

勝ち組とか負け組、富裕層と貧困層のように、よく人間を二分化して論じる風潮があります。そういう風潮は好きではないのですが、ものごとの本質の一面をとらえているのも事実です。それにならって言えば、好むと好まざるとにかかわらず、これからはＡＩをバリバリ使いこなす人とＡＩの指示に従う人に二分化されていきます。

AIを使いこなす人とは、AIを自分の目的のために動かして、効率化や生産性向上を図ることで、成果を得ていく人。使いこなしていけば、自分にとって想像以上のプラスがもたらされます。

やりたいことを実現させたうえで、その成果を2倍にも3倍にもできるし、なおか

つ余った時間にほかのことにチャレンジすることもできて、これまで以上に人生を謳歌することも可能になるでしょう。付加価値を生むこともできるので、ＡＩには、「打ち出の小槌」といった側面も少なからずあります。

一方の、**ＡＩの指示に従う人は、ＡＩに何かしらの要求をしてその答えどおりに動いて、ある程度の成果を得てそれに満足してしまう人。**こちらはＡＩを使うにしても、その指示どおりに動くので、積極的なところはありません。

ＡＩに何かを聞けば、確かにもっともらしい答えは返ってくるし、そのとおりにやっても失敗することは少ないですが、得られる成果は人並み。可も不可もないものしかつくり出せないので、付加価値を生むことは不可能。

どちらのほうが好ましいかと言えば、前者。ＡＩが人をふるいにかけて、「使いこなす人」と「指示に従う人」に分類してしまうのは間違いありません。

ＡＩは、諸刃の剣。うまく使いこなせば人間にとって素晴らしいものになりますが、使いこなせないでいると、人間自身のクビを絞めてしまう存在にもなりかねません。

ＡＩの真実　人をふるいにかける。

ＡＩの正体はドラえもん?!

ＡＩが普及していくと、人間の社会や生活がどうなっていくのかは、おぼろげでも見えてきたのではないでしょうか。もっとも、人間に対する影響はなんとなく理解できても、肝心のＡＩについては「こういうものか！」となかなか腑に落ちないでいる人も少なくないでしょう。

ＡＩと人間については、ウサギとカメのたとえを出して説明しました。ＡＩがカメで、人間はウサギです。

それよりももっと分かりやすい説明を思いついたので、ここでお話しすることにします。ＡＩとは、ズバリ、「ドラえもん」です。

日本だけでなく、全世界で愛されるキャラクターとなったドラえもんをＡＩだと思えば、俄然、親しみも湧いてくるのではないでしょうか。「ＡＩに対する見方が180度変わった」と言う人もいそうです。

ＡＩがドラえもんとすれば、人間は野比のび太。こう言われて「うれしい！」と喜ぶ人は少なそうですが、実はこの両者の関係は人間とＡＩのかかわりを理解するうえで大いに役立つことなので、話を進めていきます。

改めて言うまでもなく、ドラえもんは22世紀から送られてきたネコ型ロボット。ドラえもんが住む世界では、ＡＩは日常生活の至るところで使われているはずです。

そのドラえもんは、未来からやって来て、彼の持つポケットから取り出すさまざまな秘密道具でのび太を助けようとします。のび太はと言えば、勉強もスポーツもできないダメ小学生。一生懸命やれば、勉強もスポーツもできるようになるのかもしれませんが、「どうせうまくいかない」という負け犬根性がしみついたせいか、何ごとにも本気で取り組もうとしません。

そんなのび太にはずる賢いところがあって、宿題をやるにしても、ドラえもんにポケットから秘密道具を取り出すように懇願して、それを使おうとします。早い話が、ラクをして宿題をかたづけようとします。いかにも人間がやりそうなことです。

秘密道具には、子どもだけではなく、大人が欲しがりそうなものもたくさんあって、たとえば、アンキパン。食べると、暗記できてしまうので、もし実用化されれば、欲しがる人はたくさんいるに違いありません。テストの前に、このアンキパンを食べれば、100点満点を取れそうです。

もっとも、マンガ（アニメ）では、オチがあります。のび太がその秘密道具を悪用して壊したり使いものにならなくしたりして、結局は宿題を自分でやる羽目になります。ラクして宿題を終わらせることはできないという教訓です。

AIとは、秘密道具を持ったドラえもん――。こう言うと、AIが人間にとってどういう存在になり得るかが、理解できることでしょう。現実の世界では、まだアンキパンはもちろん、タケコプターやどこでもドアも開発されていません。

そうした道具が実用化されなくても、現在までのAIは、人間にとってドラえもんの秘密道具に相当するほど画期的なものです。うまく使いこなせば、効率化や生産性向上に直結します、逆に、使いこなせなければ、その恩恵に与ることもできません。

AIとは、ドラえもん。そう理解すれば、AIを使ってみようと思う人は多くなることでしょう。

話はここで終わりません。ドラえもんの秘密道具を使って宿題を終わらせたのび太は、それで終わり。宿題以外のところをもっと勉強しようとか、余った時間を有効活用してスポーツをしようとか本を読もうと思ったりもしません。宿題を終わらせたら、マンガやテレビを見たりするだけ。成長意欲はゼロ。

もしのび太が秘密道具を使って宿題を終わらせたとしても、それ以外に興味を持ったことを勉強しようとしたり、あるいはスポーツをやったりすれば、たとえ自分の力で宿題をやらなかったとしても、成長はします。おそらく学力も伸びるし、スポーツも前よりはできるようになるでしょうし、少なからず成長します。

ドラえもんの秘密道具を使って宿題を終わらせて、ほかに何もしないのび太。ドラえもんの秘密道具を使って宿題を早めに終わらせて、それ以外の勉強やスポーツをするのび太。もしあなたがのび太だとして、どちらになるのを望むかと言えば、間違いなく後者でしょう。

ちなみに、前者はＡＩの指示に従うだけの人。ドラえもんの秘密道具を使って宿題を終わらせただけで、あとは何もせずにサボってばかりいる。それでは勉強もスポーツもできるようにならず、成長もしません。成長しないのび太です。

こちらはＡＩに何かを指示して、そのとおりにやれば、仕事は早く終わるし、それなりの成果も見込めます。ただし、早く終わった分、ほかに何もしなければ、ヒマを持て余すだけ。それでは成長もしないし、いずれＡＩを使いこなすこともできなくなって、淘汰されかねません。

後者は、ＡＩを使いこなす人。ドラえもんの秘密道具を使って宿題を終わらせて、その余った時間を有効活用して、勉強にもスポーツにも貪欲に取り組んでいきます。学力も伸びるし、スポーツももっとできるようになります。成長するのび太です。

こちらはＡＩに指示したことをやって、効率化、生産性向上を果たして、ひととおりの成果を出したうえで、余った時間でほかの仕事をしたり、副業や趣味、スポーツなどにも取り組んだりして、人生を充実させていきます。ＡＩにも精通するようになって、さらに多くの成果を出すことも夢ではありません。

ＡＩの指示に従うだけの人は、成長しないのび太。ＡＩを使いこなす人は、成長するのび太。**これからのＡＩ時代は、誰もがどちらかののび太になり得ます。**

どちらののび太になるのかは、あなた次第。ドラえもんのような存在であるＡＩとどのように向き合って対処していくのかによって、どちらののび太にもなり得ます。

ＡＩの真実　どう使いこなすかで、成長するかしないかが決まる。

第2のルネサンスが始まる!

ＡＩ時代になると、これまでのような知識を詰め込むだけの教育では通用しなくなって、創造性にあふれた人材が求められるようになる。職が奪われていく一方で、新しくつくられる仕事もある。

ここまで言ってきたことをまとめるとこのようになりますが、人間にとってプラスとマイナスのどちらなのかは一概に判断できかねるところがあります。プラスもあればマイナスもあるのがおそらく実態に近いのでしょうが、１つ言えることがあるとすれば、ＡＩの活用によって新たなルネサンスが生まれるのではないかということ。

ルネサンスとは、再生を意味するフランス語で、文化的に14世紀にイタリアで興り、16世紀にかけてヨーロッパで広がった文化運動。人間性が尊重され、創造性に満ちた文化が花開き、レオナルド・ダ・ヴィンチやミケランジェロ・ブオナローティといった芸術家が活躍していた時代です。また近代以降の文化に多大な影響を残しています。このルネサンスが花開くことがなければ、人類の歴史はもっと違った方向に進んでいたかもしれません。

ルネサンス以前の文化の担い手は教会や貴族といった既得権益層でしたが、ルネサンス以降は市民が主たる担い手になります。ルネサンス以前と以後とで、文化的に明らかな違いが見られるように、AI以前とAI以後のように、ハッキリとした違いがこれから出現するはずです。AIを活用することで、1人1人が自分自身の持っているポテンシャルを開花させていけば、これから第二のルネサンスのような新しい文化的なうねりが巻き起こらないとも限りません。AIを活用すれば、新しい文化芸術が生まれることは決して不可能なことではないのです。

AIによって第二のルネサンスが興る——。そう言っても過言ではない状況がこれから始まるでしょう。AIによって効率化や生産性の向上が進んでいけば、社会や生活は便利、かつ快適になっていきます。豊かさや自由を謳歌することで、人間の創造性が触発され、ドンドン新しい文化や芸術が興って、それがまた人間を成長させ、かつ社会を進化させていけば、21世紀にルネサンスに勝るとも劣らないような文化芸術が必ず花開きます。その担い手は、私たち1人1人であり、決して富裕層や権力者などではありません。

ＡＩの持つ可能性を活かしていけば、ルネサンスのような大きなうねりを巻き起こしていけます。その主役は、私たち１人１人です。

ＡＩは人間の敵ではなく、むしろドラえもんのような味方です。ただし、使い方を間違えてしまえば、敵にならなくても、不利益な存在になることもあり得ます。ＡＩは万能な存在ではなく、私たち人間と同じように長所もあれば短所もある存在です。その特性をよく理解して活用していけば、ルネサンスを興せるような力強い味方になってくれます。

人間を活かすも殺すもＡＩ次第ではありません。結局は、**人間を活かすも殺すも「ＡＩを使う人間次第」**です。人間自身がＡＩに対してどのように向き合い、また活用していくのかによって、ＡＩの未来、ひいては人間の未来も決まっていきます。ＡＩをどのように使っていけばいいのかを説明する前に、次章ではＡＩについてまだ知られていない特性についてお話ししていきます。

ＡＩの真実 **活用できるかどうかは、人間次第。**

2章

本格的AI時代はこうなる！

AIが日常になると起こること
①すべての人の人生がけものの道になる

AIが私たちの生活の隅々にまで浸透するようになると、これまでの常識や価値観、習慣といったものはすべて変わらざるを得なくなります。その変化は想像以上に大きく、かつ激しいものになるのは間違いありません。

変化を楽しめる人にとっては「とても面白い時代になった」と言えます。反対に、変化を楽しめない人は時代に取り残される可能性が残りますが、それでも慣れれば対応できるはずです。

そもそも地球環境がどんなに変化してきても私たちの祖先は生き残ってきたのですから、これからの時代も適応できないなんてことはありません。私たちのDNAには「変化に適応する」ということが刻まれているはずですから、これからの時代を生き抜くことができます。

そのためにもどんなに環境が変化しても、変わること自体を楽しんだほうがいいでしょう。そのほうが変化に適応しやすいですし、心理的負担も少なくなります。ＡＩ時代も「楽しんだ者勝ち」です。

さて、ＡＩ時代がどうなっていくのかは、進化の真っ最中なので、まったくもって読めないことばかりですが、それでもこれまでの研究を通じて、おそらくこうなっていくのではないかという予測はある程度、つけられます。１００％こうなるという確実なものではないとしても、「あたらずといえども遠からず」で、おおよその方向性はつかめます。

この章では、その予測をいくつか展開していきます。

まずは読者のみなさんのかかわりのあることについて。これからの生き方、人生はまったく予測がつかないものになることだけは確実に言えます。

と言っても、波瀾万丈になるとか嵐に巻き込まれて制御不能といったおどろおどろしいことを言いたいわけではありません。安全安心安定といった生き方や人生はなくなるということを指摘したいだけです。

これまでの日本においては、いわゆるいい学校を出て、いい会社に就職するというエリートコースや出世街道みたいな、人生における成功の方程式があり、多くの人がそれを目指していました。そのために子どものころから受験して偏差値の高い学校に入学することが奨励されてもきました。終身雇用が崩壊している21世紀においても、その流れが脈々と続いています。

いい大学に入っていい会社に入ることが人生における成功の方程式だという生き方は、ある意味ではラクです。確かに当事者間では熾烈な競争を強いられ大変なこともあるでしょうが、相手は所詮、人間。

それほど能力的に差がない者同士での競争ですから、ちょっと頑張れば差をつけることはできます。こういう言い方をすると、イヤミに感じられるでしょうか。

それももう終わり。ＡＩ以後は、競争相手が人間ではなくなります。もちろん、その相手はＡＩです。

ＡＩが日常生活の隅々にまで入り込むようになると、予定調和が成り立つことは不可能。これからは非線形、非連続の日常になることは必定なので、エレベーターやエスカレーターのような自動的に勝手に上昇していく人生を送るのは極めて難しくなります。

知識量においても、また計算の速さや正確さにおいても、いい大学を出ていい会社

に入社したエリートよりもＡＩのほうが、はるかに抜きん出ています。カンタンな図や資料を作成するのでも、ＡＩに頼んだほうが、質と量、かつ速さのすべてにおいて、慣れた人よりもいいものができます。そうしたホワイトカラーがする仕事の多くは、ＡＩに代替できてしまいます。

ＡＩが進化すれば、ホワイトカラーの仕事や、難関資格を取得し高報酬が望まれるような仕事でさえも、コモディティー化しかねません。これからはどういう道を行けば人生において成功するのか、どういうコースをたどれば目指しているものを手に入れられるのかという従来の方程式が通用しなくなります。

社会における成功の方程式自体がなくなるのですから、１人１人が自分自身の目指すものを手に入れるために道なき道を行くような人生を歩むことになります。言ってみれば、誰もが「けもの道」のような険しく、かつ誰も足を踏み入れたことのないような未知の道を行くことになります。

誰にとっても、もともと人生とは自分自身でつくるものです。「〇〇大学に行って△△商事に行けば年収何千万円」というような、多くの人がうらやむようなエリート街道はもはや風前の灯。エリートが担っている仕事もある日突然、ＡＩに置き換えられてしまえば、お役御免になってしまうのは絵空事ではなくなっています。

むしろ、**エリートはＡＩ。それ以外、つまり、すべての人間が非エリート**。そんな事態にならないとも限りません。

一寸先は闇。ＡＩ時代には、誰もがそういう人生を歩むことになります。まさにけもの道を行くような人生です。

もっとも、人間は太古の時代からそういう生き方をしてきたのですから、ＡＩの出現によって、ある意味では原点回帰したことになるでしょうか。誰もがけもの道のような人生を歩んでいくことになります。

ＡＩの真実　誰の人生も一寸先は闇。

ＡＩが日常になると起こること

②常識が非常識、非常識が常識になる

人間の世界における常識は、不変ではなく、そのときどきによって変わっていきます。ある時代の常識は別の時代の非常識。またその逆もあり得ます。

たとえば、「男性が外に行って仕事で稼ぎ、女性は家に残って炊事洗濯掃除をする」のが当たり前みたいな時代もありましたが、今では常識とは見なされません。「男女共働きで、ともに家事をする」のが21世紀の常識になっています。

あるいは、組織に所属する人はオフィスにまで通勤してそこで仕事をするのが当たり前という時代が長く続きます。それもリモートワークが一般的になることで、もはや常識とは言えなくなっています。

ＡＩが進化し普及することによって、常識もまた変わっていきます。と言うより、変わらざるを得ません。むしろ**頻繁、かつ速やかに常識を変えていかなければ、ＡＩ時代を生き抜くのが難しくなっていく**でしょう。

仕事においても、かつては非常識だと思われたことも、これからは常識に変わる可能性があります。たとえば、ホウレンソウや打ち合わせ、会議。

取引先との商談の進捗についても、以前なら、相手先から会社に戻って、わざわざ上司の元に出向いて、「今日はこういう話をしました。次回はこういう提案をします」と直々に報告するのが常識。20世紀なら、「次のアポがあるので、電話で報告します」などと言おうものなら、「非常識なことをするな」と上司に怒られたかもしれません。

さすがに21世紀において、「私のところにまで出向いて直々に報告しなさい」などと言う上司がいるとしたら、その人のほうこそ非常識です。今ならEメールやSNSで、相手先との商談後にすぐに上司に報告できます。

打ち合わせや会議なども同様。私の場合、講演を依頼する団体からわざわざ「打ち合わせをさせてください」という、ありがたい連絡を頂くのですが、あまり生産的なこととは思えません。顔を見て話せば安心できるという心理的効果があるのは認めますが、それ以上でもそれ以下でもなく、事前の打ち合わせなど時間のムダ。メールやSNSを使えば、打ち合わせしたいことのほとんどは2、3回のラリーで済んでしまいます。

わざわざ時間とお金を使って、打ち合わせすることに意味があるようには思えません。このような非生産的なことはＡＩを使えば、もっと効率的、かつ効果的に行われるはずです。むしろ打ち合わせや会議にこそ積極的にＡＩを導入すべきです。

常識だと思われたことは、技術の進化や価値観の変化によって、ある日突然、非常識になり得ます。ＡＩ時代になれば、それはますます加速します。

常識が非常識になる。反対に、非常識が常識になる——。ＡＩ時代においては、変化が目まぐるしくなるのは間違いありません。

ＡＩの真実　今日の常識は、明日の非常識。

③AIが日常になると起こること
コスパ、タイパを追求しがちになる

AIが日常になると何が起こるのかと言うと、顕著になるのはコスパ（コストパフォーマンス）、タイパ（タイムパフォーマンス）が進むことです。この傾向がいいのか、よくないのかは、微妙なところです。少なくとも全面的な肯定はできかねます。

私の友人であるホリエモンこと、堀江貴文さんはAIの活用法については「ドンドンやらせればいい」と言っている推進派です。社会的に成功している人には、AIについてはこういうかかわり方をしている人のほうが多いようです。

疑問点を解決するのも文章を書くのも資料をつくるのも、人間がゼロから始めるよりもAIに頼むほうが、はるかに速く完成します。クオリティーも出色。これまでそうしたことに30分とか1時間かけているとしたら、AIに頼めば1分程度でできてしまうのですから、まさにコスパであり、タイパです。

人間は1度味を占めたら、2度も3度も再びいい思いをしようとします。言い換えれば、ラクをしようとします。ドラえもんの秘密道具を使って、宿題を済ませようとするのび太と同じです。

確かにAIに頼んだほうがうまくいく仕事はあるので、それについてはドンドン任せたほうがいいです。まさにコスパやタイパですが、そこで終わってしまっては、とてももったいないことです。そのうえで余った時間やリソースをほかのもっと有益な仕事に回せば、さらなる効率化や生産性の向上につながります。

コスパやタイパはあくまでもラクをしようとすること。本質的に効率化や生産性の向上とイコールではありません。

AIに任せたことで時間に余裕ができたとしたら、代わりに新商品の開発をするとか、スキルアップやリスキリングの講座を受けるといった、より生産的なことをしなければ、余った時間を持て余します。それではあまり付加価値を生み出せません。

AIを使えば、間違いなくコスパ、タイパにはなります。それで終わってしまっては、トータルすると付加価値を生み出せず、コスパ、タイパの効果がゼロになります。

AIの真実 **コスパ、タイパで終わってはもったいない。**

ＡＩが日常になると起こること
④時間を奪われる

ＡＩのアルゴリズムによって、アマゾンをはじめとするネットショップで買い物をするとき、「あなたにおすすめの商品があります」と、欲しいものとは別の商品が一緒に掲載されるのはすでに何度も目にしたことでしょう。そのおすすめの選定は、アルゴリズムによる処理がなされています。同じような商品をネットで買い物をしている人のデータから「これを買った人はこういう商品も買っている」と分析がなされて、アルゴリズムによって選定されます。

実際に買い物をする人が、そのおすすめを欲しがるかどうかは、また別の話。ただ統計上、別の商品も購入する確率が高いから、合わせて掲載されているにすぎません。

ネットショップ側にすれば、実際に購入されていなくても、ノー・プロブラム。もちろん、一緒に購入すれば、売り上げも上がるので、ネットショップ側にとっても好都合です。

このアルゴリズムが、またとてもよくできています。ネットショップでおすすめを購入してしまうこともあれば、ユーチューブで「おすすめの動画があります」と掲載されると、ついつい見たくなってしまいます。

1度気になる動画を見たら、次々とおすすめの動画を見てしまう。気づいたら、見始めてから2時間も3時間も経っていた……。

そういう経験をした人は、少なくないはずです。あなたも、その1人かもしれません。ひどい場合は夜中から見始めて、朝になっていたという人もいます。

AIのアルゴリズムは、次から次へとおすすめを提示して、滞在時間を長くさせようとします。それは、ユーザーが動画を見ることで広告が表示され、それに伴い広告収入が動画サイト側に入るという大人の事情が存在しているからでもあります。当然ながら、動画サイト側は広告収入を得るために、ユーザーに「もっともっと」と見続けさせようとします。

そういう事情を抜きにしても、次から次へとおすすめの動画を見続けてしまうのは、一種の中毒。動画中毒、あるいはAI中毒と言っても、大げさではないでしょう。息抜き程度で見て終わるのならいいですが、見始めたらやめられなくなって、2時間も3時間も動画を見続けるのは、ＡＩに時間を奪われているのと同じ。ＡＩに自分自身の時間を支配されています。前章で指摘したＡＩの指示どおりに動く人に分類されます。

アルゴリズムがよくできているから、つい動画を見続けてしまうのですが、息抜きするにしても「30分だけ」と決めていないと、ドンドンＡＩの沼にハマってしまいます。失った時間をあとから取り戻すことはできないのですから、動画を見るときは自分自身で気をつけていないと、ＡＩにドンドン時間を奪われてしまいます。あとで述べますが、もっと有効な時間の使い方をすべきです。

ＡＩが時間を奪ってしまう……。多くの人が気づかずに陥っていることです。

ＡＩの真実
あなたの時間をおカネに変えている。

ＡＩが日常になると起こること
⑤年齢のハンディがなくなる

ＡＩの進化によるプラス面を挙げるとすると、日常生活において老若男女を問わなくなること。別の言葉にすると、年齢のハンディがなくなること。それは、高齢者だけでなく、子どもにとっても言えます。

これまで大人でなければできなかったことが、子どもでも高齢者でもできるようになる。本当の意味でのエイジレスな社会の実現にＡＩは寄与してくれます。

たとえば、車の自動運転。高齢者による交通事故が社会問題化していて、免許返上を求める世論も大きくなっていますが、過疎化した地域で交通手段を持たない人たちにとっては、車のある／なしは死活問題。近くに家族がいる人なら別ですが、独りで暮らす高齢者が車を運転できないとなると、生活するのにも困ります。そうした人たちに向けて車の自動運転が実現可能になれば朗報です。ＡＩの進化は、そうした生活に困った人たちに向けてなされるべきです。

あるいは勉強などもＡＩによって独自のカリキュラムを編成して、子どもでも自分が興味を持ったものをトコトン突き詰めていくことで、ムリして合わない学校に行く必要もなくなります。「ギフテッド（早熟の天才）」のような子どもがまだ早いうちから「大学で学びたい」と思っていても、日本では飛び級が認められていないので不可能ですが、ＡＩを活用すれば、早いうちから好きなことをいくらでも学ぶことができます。それは、高齢者の場合でも同じです。

ＡＩの活用は年齢を問いません。たとえば、子どもがＡＩと将棋の対局をしたとしても、まだ幼いからと言って、決して手加減してはくれません。大人なら子どもが興味を持った将棋に対して負けることでやる気をなくさないように手加減してくれても、ＡＩに忖度はナシ。とはいえ、年齢にかかわらず、向き合ってくれた人にはしっかりと対応してくれます。そこが、人間と違うところです。

ＡＩを活用すれば、年齢のハンディを克服できます。子どもや高齢者にとって福音となるのが、ＡＩなのかもしれません。

ＡＩの真実

エイジレスの社会を実現する。

⑥ AIが日常になると起こること 世界がマーケットになる

AIが超越するものは、年齢のほかにもあります。その1つが、言語（断っておきますが、「日本語以外の言語を学ぶ必要がなくなった」と言いたいわけではありません）。

AIの普及によって、誰もが言語の壁を越えて日本を飛び出して世界で活躍できるようになります。逆から見れば、それは、世界のあらゆる人が言語の壁を越えて、日本でも活躍できることを意味します。

人口が1億人を超える日本というマーケットは確かに巨大ですが、世界はもっと広くて70億という巨大マーケットを有しています。ビジネスにおいては、これから人口が減少していく日本というマーケットを相手にしていても、成長に限界があるのは火を見るよりも明らかです。言語の壁を越えることができるのですから、世界というマーケットをターゲットにしていくほうが、はるかに成長を見込めます。

世界をマーケットにするには、内輪受けを排除して、より普遍的なものをつくっていくことです。音楽や映画などの日本のエンターテインメントは、日本人にしか受けない、世界レベルから見れば箸にも棒にもかからないようなものが量産されています。日本人にしか受けないものをつくっても経済が成長している時代ならまだよかったのでしょうが、失われた30年によって日本そのもののマーケットが小さくなってきて、そこから得られる利益も以前に比べて少なくなっています。

縮小再生産が進んで、投入されるおカネも少なくなって、クオリティーもドンドン下がっています。まさに袋小路に陥っています。

それとは対照的に、日本の企業が投入できないような制作費をかけてつくるネットフリックスやアマゾンプライムのドラマが人気を博しています。こうした外資勢力は最初から世界をマーケットにしているから回収できる利益も大きく、それによって日本人から見れば巨額とも言える制作費を投入することが可能になっています。世界中で受け入れられるためには、もちろん普遍的なテーマを扱い、なおかつスタッフも演者も実力のある人を使うことになります。

世界をマーケットにするには、日本人にしか受けないものではなく、70億人が求めるようなものをつくっていくしかありません。それが難しいということはなく、その気になれば誰にでもできることです。その前例は、ビルボードで1位になった「スキヤキ（上を向いて歩こう）」です。

この歌は悲しいときでも前向きに生きることをテーマにした歌詞と、日本人だけでなく世界中の人が聴いて口ずさみたくなるようなメロディーでできており、ビルボード1位になったのも納得できます。今聴いても新鮮で、これからも歌い継がれていくことでしょう。

あるいは村上春樹さんや多和田葉子さんの小説。普遍的なテーマを扱っているから、日本人だけでなく、広く世界中に受け入れられています。

私が英語で書いた「ＩＫＩＧＡＩ」もドイツで２０２４年の年間ベストセラー1位になっています。これも生きがいという普遍的なテーマを扱ったからでしょう。

言語という壁をＡＩによって越えることができたおかげで、世界全体をマーケットにできるようになっています。日本人だけを対象にするのではなく、70億人を相手にしたビジネスをする好機を逃すのはもったいないと言えるでしょう。

ＡＩの真実　70億人をターゲットにできる。

一方で、ＡＩに対する誤解は進んでいる

この章の前半では、ＡＩが私たちの生活に浸透していくにあたって起こること、これから起こり得ることをお話ししてきました。そのとおりと納得できることもあれば、「本当なのかな？」と懐疑的になることもあったかもしれません。

進化していると言っても、ＡＩは万能ではありません。バグもあれば欠陥もあります。もっとも、それは人間も同じ。バグがあればそれを修正して、よりよいものにしていけばいいのです。実際にＡＩは学習して、より進化したものになろうとします。

進化するＡＩを社会がよくなるように使っていくのは人間です。とはいえ、ＡＩについてはまだ分からないところがたくさんあり、誤解も生じています。ここからはＡＩに対して持たれている誤解について見ていきます。

ＡＩの真実 **バグがあれば修正していけばいい。**

誤解①ＡＩは正解を知らない

多くの人が最も活用しやすいＡＩと言えば、ＣｈａｔＧＰＴです。分からないことや疑問に思っていることをＣｈａｔＧＰＴに聞けば、たちどころに答えを返してきます。その答えの多くは的を射たもので、人間の専門家の回答と遜色ありません。

もっとも、いくらＣｈａｔＧＰＴが知りたいこと、聞きたいことに答えてくれ、人間のほうが満足したとしても、それが「正解」かと言うと、「ＮＯ」です。出された答えを正解だと思うのは自由ですが、それを採用するかどうか、はたまたそれを実践するかどうかはまた別の話。ＣｈａｔＧＰＴの言うとおりにするかどうかは自由です。

もともとＣｈａｔＧＰＴをはじめとするＡＩ自体は、何が正解であるかを知っているわけではありません。正解を知らないし、出してきた答えは「多くの人がうまくいっているから、こうするのがいいだろう」と、統計上、導き出されたものです。そのとおりにやってみてうまくいく可能性が高いとしても、１００％うまくいく保証はなく、鵜呑みにするのは危険です。

ChatGPTに限らず、AIは集合知です。インターネット上のさまざまな知識を網羅したうえで、ある分野については統計上、こういう見方が一般的だと見なされるものが答えとして出てくるのであって、常に正解であるとは限りません。うまくいく可能性が高いものが選ばれて出てきているにすぎないのです。

マッチングアプリを例にすれば、AIがいかに正解を出すのが難しいかが理解できるでしょう。マッチングアプリを実際に活用して結婚したカップルはすでにたくさんいるようで、その人たちが末永く幸せになることを願ってやみません。

もっとも、そのマッチングアプリで見つけた相手が本当に正解かどうかは、AIも、そして当の本人たちも知るよしはありません。年収や職業、趣味やライフスタイルについて細かい条件を入力して、AIが探し出してくれた相手が「理想」に近いとしても、その人が本当にふさわしい人かどうかは、出会ってすぐに判明するわけではないし、もっと言えば、実際に結婚して何十年と経ってからでさえも分かるものではないでしょう。

マッチングアプリで出会った相手と結婚して何年か経ったときに「この人は私の求

める人とは違う」と別れてしまうことは、十分にあり得ます。その場合、ＡＩが出した答えは正解ではなかったことにほかなりません。

ＡＩが間違えること、答えを出せないことは、当然ながらあります。それがバグである場合もありますが、ほかにはもともと指示を出すほうの求めていることや条件があいまいであることも考えられます。そのあいまいな指示を分析した結果、ミスにつながる答えを出してしまうことは十分にあり得ることです。マッチングアプリなどは、その最たるケースです

ＡＩの出す答えは、多くの人が認めて採用する確率が高いもので、あくまでも有意統計的なもの。必ずしも正解ではありません。

ＡＩの出した答えを正解だと思うかどうかは、あくまでも自由。信じるか信じないかは、すべてあなた次第です。

ＡＩの真実 正解を探り出すのは人間。

誤解②ＡＩは感動しない

私の友人である堀江貴文さんが面白いことを言っていたので、紹介します。グルメでもある堀江さんはおいしい肉に目がなくて、私も一緒に食べたことがあります。その堀江さんがこう言っています。

「あいつら（ＡＩ）はおいしい料理をつくるレシピを知っているかもしれないけど、味わうことはできない。おいしい料理を食べられるのは人間だけだ。ざまあみろ」

言葉遣いがよくないのは玉にキズですが、ＡＩについて本質的なことを突いています。さすがホリエモン。

ＡＩはそれまで蓄積してきた膨大な知識の中から極上のレシピを完成させることはできるかもしれません。人間がそのとおりに腕を振るえば、おいしい料理を食べられる可能性も大です。ただし、**ＡＩは自らが考案した極上の料理を味わうことはできず、堪能するのは人間。**おいしい料理を食べられるのは人間だけです。

ＡＩがおいしい料理を味わって感動することは不可能。「うま味」がどれくらいあると、人間が「おいしい」と感じるのかという理論的なことは知っていても、実際においしさを味わう体験はできません。それは、感動を知らないということ。人間がどんなことで喜ぶのかは知ってはいても、その喜び自体を味わうことができないのですから、感動がありません。

何かをやり遂げて脳内に報酬物質であるドーパミンが放出されることもないし、達成したときの感動もないのですから、ＡＩのすることは理論的ではあっても無味乾燥。ＣｈａｔＧＰＴに何かを聞いて、「なるほどねぇ」という納得した答えを得られても、おそらく人間が感動することはありません。

逆に言うと、ＡＩは忖度しません。子どもとの将棋の対局で話したとおり、相手が誰であっても手加減しないので、その意味ではすべての人にとって平等。

ＡＩは感動というものを知らないので、私たち人間を感動させてもくれない。与えてくれるのは、あくまでも知識だけです。

ＡＩの真実　感動を求めたら期待外れになる。

誤解③ AIは目標を持たない

「今日は5キロ走る」
「今月は〇〇〇万円を売り上げる」

仕事であれプライベートであれ、何かをするときには目標を立てます。目標を設定すると、それをクリアしようとして頑張るし、実際に達成したら、脳内に報酬物質であるドーパミンが放出されます。

ドーパミンが放出されると、達成した目標を超えるような、さらに高い目標を設定して、また頑張るようになります。その高く設定された目標がクリアされると、やはりドーパミンが放出されます。こうして目標を少しずつ高く設定し、ことごとくクリアしていくことで人間は成長していきます。

もっとも、容易に達成できるような目標をクリアしたとしても、脳内にドーパミンが放出されることはありません。ドーパミンが放出されるのは、クリアできるかどうかが分からない、ちょっと上のラインの目標。

ジョギングでいつもは5キロ走っているとしたら、「今日も5キロ走るぞ」と目標に設定して実際にクリアしたとしても、ドーパミンは放出されません。なぜならカンタンにクリアできてしまうことだから。5キロではなく、10キロという、できるかどうか分からないラインを目標に設定して、なおかつクリアするから、ドーパミンが放出されます。

ドーパミンが放出されるためには、このように負荷の高い目標が必要。そうして負荷の高い目標を設定してクリアしていくことで、実力が伸びていきます。もちろん、クリアすれば、脳内にドーパミンが放出されます。

人間はこのようにドーパミンが放出されることによって成長していきますが、ＡＩはそうしたこととは無縁。そもそも目標を持ってもいません。

ＡＩ自身は「〇〇しよう」という目標を持つこともつくることもできず、与えることができるのは人間だけ。将来的には分かりませんが、現時点では目標を持てずにいます。

人間が質問したり指示を与えたりすれば、ＡＩはそれに合った答えを出すことができます。ただし、目標を設定できないので、ＡＩ自体が「こうなろう」とか「成功しよう」と思うこともありません。もしＡＩが進化したら、「もっと電池を獲得しよう」とか「ＧＰＵ（グラフィックス・プロセッシング・ユニット、画像処理に特化した演算装置）を増やそう」という目標を設定して達成するようになるかもしれませんが。

目標を持つのも、それをクリアしようとするのも、人間。負荷の高い目標を自らに課して、それをクリアすることでドーパミンが放出されるし、成長意欲が高まります。

ＡＩがそういう目標設定をすることも達成しようとすることもありません。ＡＩに目標を持たせようとするのなら、人間側がきちんと設定しなければなりません。

ＡＩの真実

目標を持たないし設定もしない。

誤解④ＡＩは評価ができない

ＡＩ自体が人間から出された指示に対して「いい／悪い」「うまい／下手」「キレイ／汚い」「おいしい／まずい」「成功／失敗」なのかを評価することは不可能。あくまでも統計上、こうなっていると成功、こうなっていると失敗というように判断しているにすぎません。

ＡＩ自体が評価関数をつけることはできなくて、それを与えられるのは人間。たとえば、パブロ・ピカソによるキュビスムの「アヴィニョンの娘たち」についてそれを「傑作」と判断することはＡＩにはできないことです。

ピカソがどういう人物で、キュビスムとはどういう作風で、その絵がどれくらいで売買され、美術界でどのような評価がなされているのかという知識を十分に持っているので、「アヴィニョンの娘たち」が傑作であるという答えを導き出すことはできます。ただし、その絵を「傑作だ」と評価することはムリです。

価値も分かっていないし、実物を見たところで感動することはありません。多くの文献や記事などを分析してパブロ・ピカソの「アヴィニョンの娘たち」が傑作と言っているにすぎないのです。

企業の人事考課や人員採用でＡＩを導入すれば、確かに社員や採用しようとしている人を以前よりカンタン、かつスピーディーに評価することはできます。とはいえ、そのＡＩの評価は入力した評価関数によって大きく変わってきてしまいます。

たとえば、「リーダーシップ」という項目1つをとっても、どのような評価関数にするかによって、人事考課や採用が大きく変わってきてしまいます。「さまざまな人の意見を聞いて集約する」をリーダーシップの条件として設定してしまえば、会議で関係する人全員の意見を聞いたものの意思決定できず小田原評定のような事態を招く人をＡＩが評価することになりかねません。

リーダーシップには、「リスクを取ってチャレンジする」とか「モチベーションを高める」「反対する人を説得する」という要素もあります。人間がきちんと評価関数を設定しないと、ＡＩがリーダーシップに欠ける人を「この人が最適」と選び出すことにもなりかねません。それは、ＡＩにバグがあったからというよりも、評価関数が適正ではないから。

評価関数を決めるのは、人間。正しい評価関数を設定してＡＩにプログラミングすれば、人事考課が適切に行われます。

あいまいな評価関数を設定してしまえば、おかしな人事考課がなされるだけ。結果的に、人材の有効活用ができなくなります。

ＡＩに正しい答えを出してもらおうとするのであれば、使う側がきちんと評価関数を設定すること。評価関数までＡＩに委ねてしまうのは、百害あって一利なしです。

ＡＩの真実　人間だけが評価関数を設定できる。

誤解⑤ＡＩは責任を取らない

ＡＩが進化したことで自動車の自動運転が実用化されたとします。バスやタクシーの運転手の人手不足解消や高齢者による事故の減少につながれば言うことはないですが、おそらくそのときにまた別の問題が発生します。それは、自動運転車が仮に事故を起こしたときの責任の所在は誰、またはどこにあるのかということです。

人間が自動車を運転して事故を起こした場合には、車自体に重大な欠陥がない限り責任はあくまでも当事者本人です。過失であれ故意であれ、運転していた人が責任を取らされることになります。

自動運転の車が事故を起こした場合、事故を起こしたからと言って、AIに責任を負わせることはできません。それでは、責任の所在は自動運転する車をつくったメーカーなのか、自動運転のシステムをつくった人や企業、はたまた認めた自治体や国になるのか、それとも乗っていただけで何もせずにいた利用者でしょうか。こう見ていくと、一概に誰の責任と決めつけることは極めて難しいです。

もしハッカーが操作をして事故を引き起こしたとしたら、事情はもっと複雑です。映画やドラマのように、第三者がシステムに潜入して、ＡＩが悪用されてしまうことは、「なきにしもあらず」です。

ＡＩが行うことは１００％安心安全、かつ正確でもありません。バグもあれば、問題も引き起こします。その責任をＡＩに帰するのは、ムリがあります。責任を取れない人に、取らせることなどできないのですから……。

自動運転に限らず、ＡＩが何かしらの事故やトラブルを引き起こしたときに、必ず責任問題が浮上しますが、どのように決着をつけたらいいのかはまだ分かっていないし、議論もされていません。自動運転の場合は実用化は進んでいますが、おそらくそうした責任問題が発生することも考慮されていないのでしょう。

ＡＩは責任を取ることはできない……。どんなに進化したとしても、その原則はおそらく変わりません。利用する側もそのことを肝に銘じておいたほうがいいです。

ＡＩの真実　責任は人間が取るしかない。

誤解⑥ＡＩは経済を活性化しない

私は以前、メンサ（ＭＥＮＳＡ）の会合に出たことがあります。メンサとはＩＱが高い人が参加するグループ。ＩＱが１３０以上でなければ、会員になることはできません。

その会合に行ったときに気づいたのは、社会的に成功している人が少なかったこと。失礼ながら、うだつが上がらない人が多いように見受けられました。「ＩＱの高さは社会的に成功することとは全く関係がない」ことをこのときに実感しました。

現実を見ると、ＩＱと経済的豊かさの間には、相関性がまったくありません。たとえば、私が尊敬する科学者であるアルバート・アインシュタイン。

アインシュタインのＩＱは１６０以上と言われていますが、彼が高い報酬を得たのはノーベル賞受賞時にもらった賞金くらいだったのではないでしょうか。実際に大富豪のような豊かな生活をしていた様子はありません。

アインシュタインが相対性理論を発見したとしても、その時点で巨大な富を生んだわけではなく、実用化されて大きなカネが動いたのはずっとあとのこと。相対性理論を活用したＧＰＳが実用化されたことで、ようやく大きなおカネが発生しましたが、アインシュタイン自身が特許などでそれを手にすることはありませんでした。

現在、ＡＩには世界中からおカネが殺到して、研究開発が行われています。投入されるおカネは何兆円規模にもなり、ちょっとした国家予算レベルです。

それだけのおカネがＡＩに投入されたからと言って、すぐに経済効果が発生するわけでもないでしょう。ＡＩに開発資金がジャブジャブ投入されたとしても、実用化し、なおかつ利益を生むようになるまでには相当な時間を必要とします。

自動車の自動運転自体も、まだ実用化のメドも立っていません。現在も開発資金が投入されていますが、実用化できないうちは死にガネ。ある意味では、サンクコスト。生きたカネになるには、さらに多くのおカネを注ぎ込まなければならないでしょう。

実用化、さらには投入したコストを回収するまでには気が遠くなるようなおカネと時間がかかります。それだけの**資金力とガマン強さを兼ね備えた人だけがＡＩの世界に参画できます。**

ＡＩが私たちの日常に入り込むことで、暮らしは便利でラクになるし、謳歌できることはたくさんあります。ＡＩを上手に活用することで私たち自身の能力をアップさせることもできるし、できることもドンドン増えていきます。

だからと言って、ＡＩを導入すれば、それだけで売り上げや利益が爆上がりして経済が活性化するというところにまではいかないような気がします。

ＡＩをどのように活用すれば経済が活性化するのかはまだ答えが出ていない問題。それは、ＩＱが高い人にも、また当のＡＩにも解けない問題と言ってよさそうです。

ＡＩをどのように活用すれば経済の活性化につながるかは、日常的にＡＩを使いこなしていくうちに、誰かが見つけて実践していくことで初めて明らかになることなのかもしれません。

ＡＩの真実　経済を活性化させるのは、人間。

3章

AIと人間には、それぞれ得意／不得意がある

ＡＩは脳より優れているが、完璧ではない

読者のみなさんにいきなりムチャぶりをします。

「『相対性理論』について、分かりやすく説明してください」

こう言われたら、聞いている人が理解できるように自信を持って説明できるでしょうか。おそらく読者の多くが尻込みしてしまうような気がします。仮に説明するとしても、「これでいいのかな」「合っているかな?」という不安を抱えながらになるでしょう。100%の自信とまでいかず、不安のほうが大きいままに相対性理論について説明することになります。ちなみに、ＡＩはこう解答します。

「相対性理論は、アインシュタインが提唱した、時間や空間に関する新しい考え方です。従来の常識とは異なり、時間の流れ方や空間の広がり方は、物体の速さや重力によって変化するということを示しました。この理論は、ＧＰＳやブラックホールの研究など、現代科学のさまざまな分野で利用されています」

それでは、次のような質問をしたら、自信満々に答えるのではないでしょうか。

「日本で一番高い山はなんですか?」

読者の全員が「富士山」とキッパリ答えるはずです。「合っているかな」「大丈夫かな」という不安もゼロ。100%の自信を持って答えるはずです。

人間の場合、正解を知っているときと、自信満々に答えることの間に相関関係が見られます。正解だと分かっているときはズバリ断言できるし、正解かどうか分からないときはあいまいな言い方をしてしまいます。

「日本一の山は富士山」と自信満々に答えられても、相対性理論の説明についてはたどたどしくなってしまうのも、そういう相関性が見られるからです。自信満々に言い切ったのに間違えると「恥ずかしい」という気持ちもあるでしょう。

面白いことに、AIの場合はどうなるかと言うと、いつでも自信満々に答えます。**正解でも自信満々。不正解でも自信満々**。とにかく問われたすべての指示に対して、100%の自信を持って答えています。

間違っていることを人前で堂々と述べるなんて、いくらなんでも恥ずかしくてできないことです(プロの俳優なら苦もなく演じてしまうかもしれません)。間違っていると分かっていることを話すのは恥ずかしいから、人間は人前で何かを発表するとしたら、事前に下調べを徹底的にして正確なことだけを話して、不正確なことは言及しないか、「確認が取れていない」などと、ひと言加えるようにしています。

正解か、それとも間違っているのかについては、とても敏感。それが、人間。

一方のＡＩは前章でも触れたように、「正解を知らない」のですから、神経質になることもなく、集合知から最適なものを見繕って言っているだけ。間違っても見事に答えるから、人間のほうがつい「これが正解か」と早とちりして信じてしまう恐れもあります。ＡＩは、意外とポンコツです。

もはや人間が到底かなわないほどの知識量を持っているにもかかわらず、答えていることが合っているか間違っているかについては無頓着。ＡＩが常に正しい答えを出してくるとは限らず、ＣｈａｔＧＰＴが「〇〇〇」と答えてくれたとしても、それが正解かどうかは、自ら検証しなければなりません。あとで述べますが、「これは違うのでは？」という違和感を持ったとしたら、ＡＩを疑ったほうがいいでしょう。

ＡＩの真実 **意外にポンコツなところがある。**

人間にもＡＩにも得意／不得意がある

人間に得意／不得意があるように、ＡＩにも得意／不得意があります。人間とＡＩの付き合い方を考えていくうえでは、お互いの得意／不得意を見極め、なおかつ、それぞれが得意なことに特化していくことが大事になってきます。

ＡＩが得意なことに人間が頑張って挑んでも、勝つのは難しいですし、逆もまたしかり。それぞれが得意なことに特化していくことでお互いを活かすことができるし、ＷＩＮ－ＷＩＮになります。

ＡＩについて言えば、計算や分析など論理的なことは、人間より速く、かつ正確にこなすことができます。いわゆるホワイトカラー的な仕事はＡＩのほうが得意なので、ＡＩに任せてしまってもよくなります。それは、そういう仕事は人間からＡＩに置き換えられてしまうことを意味します。

一方、人間が得意なことは感情表現や、創造といったこと。これらのことは、やはり人間に一日の長があります。

つまり、**ＡＩを使う人間としては、計算とか分析、あるいは資料作成、データ収集といったことはドンドン任せて代わりにやってもらう、あるいは補助的なことにとどめて仕上げは自分がする**というようにすれば、これまでより効率的に行うことができるようになります。ＡＩに任せることで、生産性が向上します。

それなのに、「これは自分の仕事だから」と、ＡＩに任せずに、時間がかかったとしても自分でやろうとすると、効率的とは言えません。好きでやるのならいいですが、なんでも自分の力でやろうとすると、ＡＩを使って効率的にやろうとする人に負けてしまいます。ＡＩを使いこなしている人に競争力をつけられる一方です。

もちろん、ＡＩより得意なことは、やはり人間が行ったほうがいいです。新しいものをつくり出すとか、気持ちがこもったコミュニケーションをするのなら、ＡＩに任せるのではなく、自ら積極的にやっていきます。

得意なことに特化する――。それは、人間もＡＩも同じです。

ＡＩの真実 得意分野に集中してもらう。

人間にあって、AIにはないもの

人間とAIはそれぞれが得意なことに特化したほうがいいですが、具体的に何をするのか、反対に何をしないのかを決める前に、踏まえておきたいことをお話しします。

AIには人間が持っているにもかかわらず、持っていない（持たされていない）ものがあります。そのことを知っておくと、これからのAIとの付き合い方が分かってくるし、またAIに対する親しみも増してくるような気がします。

人間にはあって、AIにはないもの……。それはいくつかあるのですが、あえて触れておきたいのは、次の3つです。

それは、「クオリア」「メタ認知」「生きがい」です。この3つがないと分かっていれば、先入観や好き嫌いなくAIと付き合っていけるのではないでしょうか。

まずはクオリア。**クオリアとは、質感。**キレイな桜や紅葉、大自然の風景を見たときに「美しい」と思ったり、ステーキや新鮮なお刺身といったごちそうを食べたときに「おいしい」と思ったりするのは、脳内のクオリアが感じているから。人間にはクオリアがあるから感動するし、それが人生を素晴らしいものにしていきます。

クオリアがなければ、キレイな景色を見ても「美しい」と思わないし、おいしい料理を食べても味わうこともできません。それでは、ＡＩと同じ。

ＡＩは桜や紅葉を見ると、人間が「キレイだ」と感じることは分析できても、ＡＩ自体が「キレイだ」と感動することもありません。「キレイだ」と感じられるのは、あくまでも人間です。

次に、メタ認知。**メタ認知とは、自分自身を俯瞰して見る能力**のこと。メタ認知があると、客観的に自分自身の行動について、「こういうふるまいはよくない」「こうすると、うまくいく」と分析して、好ましい行動に修正していくことができます。逆にメタ認知がないと、独りよがりだったりその場にふさわしくない行動をとったりしがちです。俗に言う「空気が読めない人」は、メタ認知が欠けています。

ＡＩにメタ認知が欠けているのは、前述したように、間違っていることも堂々と主張してしまうことでも明らかです。人間なら間違っていそうなことは自信なさげにおそるおそる発言するものですが、ＡＩはいつでも堂々としています。間違ったことを言っても、悪びれるところもありません。

最後に、生きがい。これこそが人間にあって、ＡＩにはない、最たるものと言ってもいいでしょう。

生きがいは人間が自分らしい生き方をするにあたって不可欠なものであり、それがあるとないとでは、人生における充実度が大きく変わってしまいます。どんなにお金持ちになったとしても生きがいを持っていなければ、その人は幸せになることはできないし、反対に経済的に恵まれていなくても、生きがいを持っていれば、その人は自分らしい幸せな人生を送ることができます。

生きがいは人間が生まれながらにして持っているものではありません。**生きていくうちに自分自身が見つけるものであり、また自らつくっていくもの**です。

またそれは１人１人異なります。ある人にとっての生きがいは、ほかの人にとってはなんでもないことかもしれませんが、本人が生きる糧にしているのであればそれで十分なのであり、第三者がとやかく言う筋合いはありません。

人間が生きがいを持っているのに対して、ＡＩには生きがいがありません。自ら評価関数を設定することができないのですから、それも当然です。

ＡＩに生きがいがないとすると、幸せを感じることも見つけることもできないし、何が幸せかも分からないということ（ただし、人間がこういうことを「幸せだ」と感じるらしいことを統計的に分析することはできます）。ＡＩ自体が幸せなＡＩ生活を過ごすこともできないということにもなります。

クオリア、メタ認知、生きがい――。これらを持たないＡＩは、新しいことを創造することも、感動する何かを生み出すことも、幸せを感じることもできないでしょう。逆に、この３つをＡＩに求めても、ムダに終わります。

ＡＩにできるのは論理的なことや効率化、スピードの追求といったこと。それは素晴らしいことであり、人間が及ばない領域でもあります。ＡＩは究極の優等生。それゆえに人間にはない、ＡＩが持つ特性を活かせるように使っていくべきです。

ＡＩの特性を知ることで、より活かせるようになります。ＡＩとの付き合い方が分かってくると、活かせる範囲がグーンと広がってきます。

ＡＩの真実　ないものねだりをしない。

ＡＩとの付き合い方
丸投げするだけではよくない

進化するＡＩとどう付き合っていけばいいのかは完全に把握できているわけではないですが、おぼろげながらでも見えてきたのではないでしょうか。人間が不得意でＡＩが得意なことに特化していくと、仕事やプライベートの双方において、大きな効果をもたらします。

何に使えばいいのかと言うと、まずは生産性向上。人間が１時間かけてやることをＡＩなら１分でできてしまうとしたら、そのものごとをドンドン委譲していきます。生産性が画期的に向上するのですから、やらないでいるほうがおかしいです。もちろん、やらないという選択をした場合、ＡＩを使っている人に圧倒的な差をつけられてしまうのは免れません。

どんな仕事に就いているのであれ、これからＡＩが生活のありとあらゆる部分に進出してくれば、任せてしまうほうが得策です。それは人件費削減というコストダウン的な意味ではなく、人間が持っている能力をもっとほかに活かすためです。ＡＩに任せたほうが速く、かつ確実に処理してくれるのであれば、いっそのこと丸投げしてしまいます。

ただし、丸投げしただけではＡＩが生み出すものを最大化することはできません。ＡＩがしてくれたことをどう活かすかを考えたり、提案してくれたことを採用したりするのは、やはり人間。ＡＩから上がってきたものを最後にどうするかと決めるのは、人間にしかできないことです。

念のために言うと、ＡＩに丸投げすること自体は決しておかしなことではありません。手抜きとも異なるし、言うなれば効率化。ＡＩを使うことの最大の意味はここにあります。

とは言え、丸投げするだけなら、ＡＩの指示どおりに動くのと同じです。丸投げするだけでなく、どう活かすかを考えて実践していくと、ＡＩを使いこなせるようになります。

マッチングアプリで言えば、ＡＩが選んでくれた相手をいくら「いい」と思っても、アプローチしなければその後の進展はありません。相手からのアプローチを待っていても進展しないのは当たり前。待っている間に相手が別の人にアプローチして、その人とうまくいってしまえば、せっかくＡＩが選んでくれた人とは縁もないままで終わります。

丸投げしたあとに、実際に行動に移す――。それをしなければ、いくらＡＩを導入しても、成果を得られないし、使いこなすことも不可能。

丸投げしただけで終わっては、大した効果を得られません。丸投げしたあとに、なんらかのアクションを起こすことで、ＡＩを導入した効果を得られます。

ＡＩの真実　最後は人間が自ら行動していく。

ＡＩを活用すべき分野①医療

どんな分野でＡＩを活用すれば、最大限の効果を得られるのでしょうか。いくつかジャンルを挙げて説明します。

最初に挙げるのが、医療。コロナウイルスを予防するワクチンの開発はＡＩを活用したことで極めて短期間のうちに可能になったと言われています。

どの成分とどの成分をどれくらいの割合にするとウイルスに対する抵抗性を持つ薬になるのかは天文学的な組み合わせになり、それをいちいち実験で検証していたら、コロナウイルスの蔓延を防ぐことが厳しかったでしょう。ＡＩを活用することでウイルスに効くのはどの組み合わせなのかを速く検出できることになり、それをもとに試用して効果が高いものをワクチンとして開発することが可能になります。

すでに医療分野ではＡＩが活用されていますが、待ち望まれているのがガンの治療法確立です。日本人男性の２人に１人、同じく女性の３人に１人はガンになると言われており、その治療法は極めて身近な問題です。

ガンの治療のために代替医療を選択する人も少なくないですが、そうしたものの中には効果があるものもないものもあり、また人によって効く／効かないが分かれます。偶然にもある民間療法で治った人がいるとすると、その事例がすべてのガン患者に効くように宣伝されがちで、危険なことになりかねません。

通常の医療を受けていた人がその民間療法を選択したために寿命を縮めてしまったとしたら、あまりにも悲しすぎます。現段階でもＡＩを活用してガンの治療法が研究されていますが、なかなか多くの患者に有効な薬の開発には至っていないようです。

認知症の治療についても、予防や症状改善の薬の開発はＡＩの活用で進展が見られるのではないかと言われています。こちらも開発が待たれています。

ガンや認知症の研究に資金が投入されて画期的な成果を収めると、真の意味でAIが社会に役立つことになります。ある意味では、医療こそがＡＩが最も有効活用されなければならない分野と言えそうです。

AIの真実　医療での活用は人類全体の幸せに貢献する。

ＡＩを活用すべき分野②長年の課題解決

人類全体が解決すべきなのに、なかなか実現できないでいる課題は、たくさんあります。地球温暖化や地域紛争、経済格差、人権抑圧など、喫緊の課題はたくさんあるにもかかわらず、有効な手立ても見られず、たとえそうしたものがあったとしても、さまざまな事情で現実的には手を打たれずにいます。

こうした課題は実際に被害を受けている人がいるにもかかわらず、利害の対立や価値観の相違などがあって、具体的な行動をとろうとすると、反対が持ち上がり、結局は何も手立てがなされずにいます。現状維持と言えば聞こえはいいですが、実態は大いなる停滞。そうこうしているうちに被害がドンドン大きくなっていきますが、やはり何かしらのアクションを起こそうとすると、対立が起きて、亀裂が大きくなるのを避けるために、現状維持という名の傍観が続きます。

課題に対して、意見を表明すると、利害関係者からは反対が起こり、ときに炎上することがあります。私自身、日本の教育に対して、特に偏差値信仰、幼少期からの受験、それを支える塾産業などを批判して、その度に炎上してきました。もっとも、真っ当なことを言っているつもりなので、考えを変えるつもりはありません。

特に**日本では、「何を」言うかより、「誰が」言うかが重要視されて、まったく同じことを言っていても、発言者が異なると、片方は称賛されるのに、もう片方は炎上してしまうということが起こります。**私などは炎上の常連で、偏差値や受験について発言する度に批判や反発が起きますが、もう慣れっこになっています。

炎上が起きるのは、ある意味では核心を突いているから。利害関係者にとっては触れられたくないことについて指摘されているので、猛反発して炎上という事態になるような気がします。

たとえば、「組織の中で赤字事業から撤退すべきだ」というこれまでのやり方をガラリと変える大きな改革をしようとする人は、いいことを言っているのに、炎上が起きてしまうことがなきにしもあらず。言っていることは正論にもかかわらず、その赤字事業にかかわっている人にとっては看過できることではありません。

反発されるのは必定で、重箱の隅をつつかれたり、発言の一部を切り取られたりして、それらがＳＮＳにアップされると、アッという間に炎上してしまいます。私ほどではなくても、こうした炎上は誰の身にも起こり得ることです。

このように物議を醸しそうなことを発言しなければならないときに炎上を起こさせない方法があります。それは、ＡＩを活用すること。改革志向にあふれた人が正論を述べても、反発する人は、感情的になってすべてに反対。どんなにこの人が正しいことを言っても、聞く耳を持とうとしません。

それでは、ＡＩが赤字事業を続ける問題点を指摘したら、どうでしょうか。ちなみに、ＡＩはこんな回答をします。

「赤字事業を残す問題点として、以下の点が挙げられます。

・資金の流出：赤字事業は、継続的に資金を吸収するため、他の事業への投資や成長を阻害する可能性があります。

・機会損失：赤字事業に費やされる資源は、より収益性の高い事業や新規事業に活用できる可能性があります。

・企業イメージの悪化：赤字事業の存在は、投資家や顧客からの信頼を損なう可能性があります。

・従業員のモチベーション低下：赤字事業の継続は、従業員のモチベーションを低下させ、優秀な人材の流出につながる可能性があります。

・経営資源のムダ遣い：赤字事業に経営資源を投入し続けることは、資源のムダ遣いと言える場合があります。

赤字事業を残すかどうかは、その事業の将来性、競合状況、企業全体の戦略などを総合的に判断する必要があります」

改革志向の人が同じことを言ったら反発しても、ＡＩが指摘すると、案外、「そうかもしれないな」と納得しやすくなります。なんとなく同意しやすいのは、ＡＩが集合知だから。一個人ではない、人類のこれまでの知性の総和から下された判断だから、納得しやすくなるのでしょう（もちろん、１００％正しいという保証はありません）。

ＡＩは親戚の知恵のあるおじさんのようなもので、「この人が言うんだから、仕方ない」と、反対していても矛を収めさせる説得力を持っています。まさに「何を言う」かより「誰が言う」かです。

商談やプレゼンでも「ＡＩではこういう意見に集約されます」「ＡＩではこのように評価されます」と、発言者がそのとおり読み上げると、相手側も「ＡＩが言うんだから、そのとおりなんだろうな」と、不思議と納得してしまいます。実際にＡＩの意見をそのまま述べて、商談やプレゼンを勝ち取った人は少なくないはずです。

ちなみに、私がお受験について発言すると炎上してしまいますが、同じことをＡＩが言うと、不思議と納得する人が続出します。ＡＩの発言を転載します。

「中学受験の問題点については、さまざまな意見があります。主なものとしては、以下の点が挙げられます。

・早期教育の過熱：小さいころから塾に通わせたり、特別な教材を使ったりするなど、早期教育が過熱している傾向があります。これは、子どもたちの心身に負担をかけるだけでなく、教育の多様性を狭める可能性も指摘されています。
・競争の激化：中学受験は、非常に競争が激しいのが特徴です。合格するためには、膨大な量の勉強が必要となり、子どもたちは大きなプレッシャーを抱えることになります。
・塾への依存：中学受験対策は、塾に大きく依存する傾向があります。塾の授業や教材に頼り切りになることで、子どもたちの自主学習能力が低下する可能性も懸念されています。

・経済的な負担：中学受験には、塾の費用や教材費など、多額の費用がかかります。経済的な負担が大きいことは、すべての家庭にとって平等な機会が与えられているとは言えない状況を生み出しています。
・学校教育とのバランス：中学受験対策に多くの時間を費やすことで、学校での学習時間が減り、学校教育とのバランスが崩れてしまう可能性があります。

これらの問題点を踏まえ、中学受験制度の改善を求める声も高まっています。たとえば、

・多様な入試方法の導入：学力だけでなく、適性検査や面接など、多様な方法で評価する入試方法の導入
・公立中学の充実：公立中学の教育の質を高め、魅力的な学校にする
・塾に頼らない学習の推進：自宅学習や少人数制の学習など、塾に頼らない学習方法の普及

などが挙げられます。

中学受験は、子どもたちの将来を左右する重要な選択ですが、同時に、子どもたちや家庭に大きな負担をかけている側面もあります。これらの問題点を解決するために

は、社会全体で議論を深め、よりよい教育環境を整えていくことが求められます」

炎上しそうだな。猛反発されそうだな……。

相手側からそんなリアクションが想定されそうなことを商談やプレゼン、あるいは会議で言わなければならないとしたら、ＡＩの力を借りてしまいましょう。「ＣｈａｔＧＰＴはこう言っています」と始めて、その一部始終を述べれば、案外、受け入れてもらえるかもしれません。

ＡＩの真実 **水戸黄門の葵の印籠のように使うと、意外と効果がある。**

人間がAIが苦手なことこそ強化していく

人間もAIも得意なものに特化したほうがいい――。この章の初めのほうでそう述べました。具体的に、AIが得意なことは計算や分析。

それでは、人間が得意なことは何かと言うと、コミュニケーション。もっとも、ただコミュニケーションとだけ言うと、あまりにも漠然としすぎているので、対象をグッと狭めることにします。

人間だけができて、AIには決してできないコミュニケーションとは、気遣い（おもてなし）。この**気遣い（おもてなし）こそが、今後、AI時代になっても、人間が大きなアドバンテージを持てるもの**です。

夏の暑いときに来客があって、通した部屋の温度をどれくらいに設定すればいいかは、相手の体温を察知して、クーラーが自動で室温を下げるようにすることができます。何分か経って、体温が下がってきたら、今度は送風の温度を上げていく。AIにすれば、それくらい朝飯前。

それでは、この来客に飲み物を出す場合にどれくらいの熱さにするのかは、ＡＩが判断して、相手が飲みたいと思っているもの、またのどの渇きを癒すようなものを提供できるかどうかというのは、極めて微妙です。

どんな飲み物が好きなのかは、千差万別。飲みたいのがアイスコーヒーの場合もあれば、麦茶が好きな人もいれば、暑いときでも温かい飲み物が好きな人がいることも考えられます。あるいはミネラルウォーターを飲みたい人もいるかもしれません。事前に相手の好みが分かるデータを入手していれば別ですが、ＡＩが入ってきた来客をひと目見て、「この人はアイスコーヒーを飲みたがっている」「この人は冷たい水を飲みたがっている」と判断するのはほぼ不可能。

それに対して、気遣いができる人が対応すると、相手の状態を見て、何を出そうか判断できるし、実際に飲みたがっているものを提供します。汗をたくさんかいているならミネラル豊富な冷たい麦茶、それほど暑がっていないようなら少しぬるめの緑茶といったように、相手の状態に応じて提供するものを変えていきます。

石田三成が豊臣秀吉に重用されるきっかけとなったエピソードにこういうものがあ

ります。鷹狩をしていた秀吉が休憩に訪れた場所で、のどが渇いた秀吉が、飲み物を求めたところ、まだ若かった三成はぬるいお茶が半分ほど入った茶碗を持ってきました。それを一気に飲んだ秀吉は、お代わりを要望します。次に三成は量をその半分、その代わり少し熱くしたお茶を持ってきます。今度もグイと飲み干した秀吉は、またお代わりを求めます。3度目に三成は、量をその半分、その代わりかなり熱くしたお茶を持ってきます。ゆっくり飲み干した秀吉は、この少年の気遣いに感心して、のちに重用するようになったと言われています。

相手ののどの渇き具合に応じて、お茶の量や熱さを変えて提供する――。こうした気遣いは人間だからこそできることです。

気遣いは誰にでもできることであり、本来はどんな人に対してもすべきことです。AIが不得意な分野ですから、より気遣いができるようになると、自分自身に付加価値を生み出せます。日本人はもともとさりげなく気遣いをできるし、AI時代になればなおさらこの習性を磨き上げていったほうがいいでしょう。

日本人の気遣いが巧みに表れているのが、料理の「おまかせ」です。寿司や天ぷらを出すお店では、「おまかせ」のコースがあります。この「おまかせ」こそ気遣いの最たるものです。

店主がその日の仕入れや相手の好みなどを考えながら、おいしい料理を最適なタイミングで提供するのは、日本人の気遣いの真骨頂と言ってもいいかもしれません。海外からの旅行者に日本のおまかせ料理が人気なのは、そうした気遣いの精神を感じるからでしょう。

ＡＩがどんなにおいしいメニューを考案したとしても、日本の職人やシェフが提供するおまかせには到底かなわない――。そう断言してもいいくらいです。

気遣いは相手に対する思いやりですが、それもコミュニケーションのうち。気遣いあふれるコミュニケーションをすれば、人間関係もよくなるし、その集団も１人１人が能力や個性を発揮しやすくなって活性化します。

生産性向上はAI。気遣いあふれるコミュニケーションは人間。

これならお互いに得意に特化できます。気遣いしながらＡＩを活用して生産性を向上していけば、その組織は必ず成長していきます。

AIの真実　気遣いなら、人間のほうが一枚も二枚も上。

ＡＩがつくれない、人間だけにしか生み出せないもの

おそらくＡＩにはつくり出せないものがあるとすれば、真っ先に挙げたいのが、複雑な人間模様が織り込まれたドラマです。ここで言うドラマは物語とは違って、運命のあやと言ったものです。

その典型が、藤井聡太さんと伊藤匠七段による将棋の対局です。史上最年少で八冠を達成した藤井さんは、２０２４年末時点では、七冠。失ったタイトルの１つが、「叡王」ですが、その敗れた相手こそ幼いころからのライバル的存在の伊藤匠さんです。

両者はまだ無名のころから切磋琢磨してきましたが、先に頭角を現したのが藤井さんです。藤井さんが最初のタイトルを獲得すると、あっという間に八冠を獲得するまでになり、無敵状態を築いていましたが、一矢を報いたのが、長年のライバルである伊藤さん。２人にとっても積み重ねてきたものがあるのはもちろん、伊藤さんにとってはいつの間にかはるか先を行くようになった藤井さんに対して期するものがあった

に違いありません。

藤井さんが八冠から七冠に転落する相手が、幼いころからのライバルなどという展開は、まさにドラマ。これ以上はないくらいのドラマです。ＡＩは言うに及ばず、有名な脚本家でさえも、こんなドラマチックな展開のドラマを書くことはできないのではないでしょうか。

人間模様が織りなすドラマに感動するのは、そこに出てくる人たちの人生が思わぬタイミングで交差し、予想を超えるような劇的なことが起こるから。藤井さんと伊藤さんのこれまでの棋士としての歩みをオーバーラップさせると、そのドラマがより劇的になります。

起承転結があるドラマなら、ＡＩにも生み出すことはできますが、おそらく安っぽいものになります。**人生が複雑に絡み合ったドラマをつくれるのは、やはり人間だけ**です。切磋琢磨したり、時を超えて立場が入れ代わりながら再び雌雄を決したりするような劇的な展開は、生身の人間にしかつくれないものです。

ＡＩの真実　三文芝居しか生み出せない。

先送りグセのある人はＡＩと親和性が高い

最もＡＩの恩恵を受ける人がいるとすれば、おそらくそれは先送りする人です。もともと人間にはやりたくないことを先送りするクセがあって、多かれ少なかれ、誰にでもそのような傾向があります。宿題があるのに、ゲームをやったりマンガを読んだりというのび太のようなところが……。

さんざん遊んだあとに寝る直前になって、「いけない！」と思い出して、慌てて宿題をやる……。そんな経験を誰もがしているはずです。

先送りしてしまうのは、やらなければならない、やりたくないことをあと回しにして、やりたいこと（ゲームやマンガ）を優先していることにほかなりません。本当はやらなければならない、やりたくないことを先に済ませて、あとからゆっくりやりたいことをやるほうが楽しめるはずですが、欲望に負けて順番を変えてしまっています。

ある意味では、欲望に忠実と言えますが、あとになって困るのですから、ダンドリが間違っています。むしろやらなければならない、やりたくないことを忘れるために、現実逃避としてやりたいことをやろうとしているフシがあります。

大人も似たようなものです。経費の精算や報告書の作成といった面倒なことはどうしてもあと回しにしがちです。サッサとやってしまえば、あとあとラクになるのに、ほかのカンタンな仕事に精を出したり、同僚と飲みに行ったりしています。

そうして締め切りギリギリになってようやく取り組むことになるのですから、宿題をやらずにゲームやマンガに没頭する子どもと同じ。子どものころからまったく成長していないということになります。このような先送りグセのある人こそ、ＡＩを有効活用すべきです。経費の精算や報告書の作成などはＡＩに任せたほうが速く、かつ確実に処理してくれます。

特筆すべきなのは、**ＡＩには先送りグセがない**こと。「面倒だな」と思っても、ＡＩにやらせてしまえば面倒な作業をしなくて済むのですから、活用しない手はありません。先送りしがちな人ほど、ＡＩとの親和性が高いです。

ＡＩの真実 **あと回しせずに、すぐにやってくれる。**

ＡＩの危険性も認識しておく

ここまでＡＩについての得意／不得意を見てきました。納得できることは多かったように思いますが、まだ触れていない危険な点があることも伝えておかなければなりません。

ＡＩを生産性向上や未解決の課題解決といったことに使えれば、人間社会はますます発展していきます。それは間違いのないことで、言ってみれば、ＡＩの平和利用。

平和利用があると言うと、当然ながら対極にあるものも存在することになります。言うまでもなく、ＡＩの軍事利用です。実際にＡＩの軍事利用は進められていますが、ことの性格上、かなり不透明なことが多く、ハッキリしたことはうかがい知ることができません。それだけに余計に危険と言えます。

たとえば、対立する陣営が何かしらの攻撃の準備をしていると、ＡＩが察知して、相手側が発射する前にこちらが兵器を打ち込むことも可能です。またＧＰＳで特定の人物をピンポイントで位置を把握し、周りに一切被害を与えることなく殺傷することもできます。

ＡＩの軍事利用については、ことの性格上、なかなか全貌が見えにくいのですが、このまま野放しにしてしまうと、ＡＩ自体が暴走して、紛争や戦争を引き起こすことがないとも言えません。ＡＩの開発を積極的に行っているイーロン・マスクでさえ「ＡＩは核兵器より危険だ」と警鐘を鳴らしているくらいです。

ＡＩの暴走で思い出されるのが、映画化された『２００１年宇宙の旅』です。スタンリー・キューブリックが生み出したこの名作では、人間より賢いコンピューター「ＨＡＬ９０００」が暴走して混乱を引き起こします。最後は人間によって活動停止させられますが、まさに今日の進化したＡＩが暴走を起こしかねないことを予言するような内容になっています。

原子爆弾を開発製造した「マンハッタン計画」の場合、ウラン濃縮のときの遠心分離機の使用など巨大な設備や施設を必要とするので、なんとなく外からでも把握することができます。核実験でもミサイルの移動などは人工衛星でキャッチできますが、屋内で研究されているＡＩの軍事利用については探知することも不可能。

AIが暴走するのは恐れるべきことですが、もっと危険なのはＡＩの軍事利用の開発が外からはまったく見えないことです。ＡＩの軍事利用については、完全なブラックボックス。巨大な研究施設をつくったとしても、中で何が行われているかは人工衛星からは判別することもできません。

ある日突然、地球上のどこかでなんらかの攻撃がなされたときに初めてその全貌が明らかになる可能性がありますが、そのときに分かってもすでに被害が発生していますから、全貌解明にはあまりにも遅すぎます。ＡＩがどのように利用されるのかは、使う人間のまさに良心を信じるしかありません。いきすぎた軍事利用にならないことを祈るのみです。

勝手に暴走してしまった場合、どのように対処すればいいのかは現時点で分かっていることがあまりにも少なすぎます。もしＡＩが暴走した場合、『２００１年宇宙の旅』のように容易に対処できる可能性は小さいと思っていたほうがよさそうです。

ＡＩの真実 **暴走したときにどうなるかは未知数。**

ＡＩがドンドン進化していくから、人間はますます学ばなければならなくなる

前項では、ＡＩが暴走する可能性を指摘しました。ここだけを読んで「ＡＩは危険だ」と思ってしまうのは本意ではありません。どんなことにもプラスとマイナスがあり、ＡＩも同様。

ＡＩの進化を止めることは難しいし、暴走する危険性もはらんでいるのは事実です。だからこそ私たちが可能な限りＡＩをコントロールしなければならないし、また使いこなせるようになっていかなければなりません。

ＡＩの指示どおりに行動するのは、確かにラクです。ＣｈａｔＧＰＴに聞けば、分からないことを教えてくれるし、行き詰まってしまった問題についても解決策を提示してくれます。

ラクをしようと思えば、いくらでもラクができます。ラクなほうを選んでも、それなりにうまく人生を進めていくことも十分に可能でしょう。

確かにＡＩの指示どおりに行動していけば、人生がトントン拍子にいくかもしれません。いいえ、そんなおいしい話はＡＩ時代になっても皆無。むしろＡＩ時代になればなるほど、成長の階段を真っ逆さまに転げ落ちていきます。

ＡＩが進化するスピードのほうが人間の成長スピードより圧倒的に速いのですから、何もせずにいればついていけなくなります。のみならず、ＡＩを活用する人によって競争の場からふるい落とされてしまいます。

ＡＩが進化するからこそ、使いこなす側の人間が学んで成長していかなければなりません。確かに成長するスピードもその量や範囲も、圧倒的にＡＩのほうが上です。それでも成長していかなければ、ますますＡＩに突き放されてしまうし、使いこなしていくのも難しくなります。

進化していくＡＩを使いこなしていくくらいの知識とスキルと経験を蓄積しながらも、ＡＩが不得意で、人間が得意とする分野を磨いていく。これがＡＩ時代の学び方であり、生き方です。

ＡＩに任せてしまったほうがいい分野もありますが、その一方で学んで成長していく分野もあります。それは、１人１人異なります。

ともあれ、**AI時代は人間が学んで、さらに成長していく時代**。成長していけばできることが増えるし、ＡＩの力を活用すれば、これまでは難しかったこともおカネと時間もかけずに、案外アッサリとできてしまうこともあるでしょう。

成長して自分自身の能力をアップさせていけば、より自分自身の人生を楽しめるようになります。やりたいことをトコトン追求して、自分らしい、また自分にしかできない人生を歩めるようになります。

まさにルネサンス。１人１人の人生がルネサンスになる。それが、可能になるのがＡＩ時代です。

ＡＩの真実 **人間こそ、学んで成長しなければならない。**

4章

AIとともに進化する生き方

人生100年時代は「ノーAI、ノーLIFE」になる

好むと好まざるとにかかわらず、これからの時代はＡＩと無関係に生きることができなくなります。それが、ＡＩ時代であり、その傾向はますます加速していきます。仕事、プライベートを問わず、ＡＩがなければ、何１つ満足に行うことができなくなります。もはや「いい／悪い」を論じることに意味がなく、すべての人がＡＩとともにある人生を余儀なくされます。「ノーＡＩ、ノーＬＩＦＥ」です。

それでは、具体的にどういう生き方をすればいいのかと言うと、人それぞれと言うほかないですが、参考となるように、ロールモデルとして数人を取り上げることにします。この人たちの生き方に触れていくと、ＡＩ時代にどのように生きていけばいいのかが見えてきます。次項からは１人１人紹介していきます。

ＡＩの真実 **AIを前提にした生き方をする。**

AI時代の生き方
①「失敗する」と思われることをやる

AI時代のロールモデルを挙げるとすれば、真っ先に浮かぶのがイーロン・マスク。イーロン・マスクはこれまで電気自動車のテスラ、宇宙ロケット開発のスペースXといった企業を立ち上げ、SNSのツイッター（現X）を買収し、21世紀のビジネス界の寵児と言ってもいい人物です。

彼をロールモデルとして登場させたのは「起業すべし」と言いたいからではありません。**イーロン・マスクに見習いたいのは、「他人から『失敗する』と思われることをやる」というリスクを恐れない行動力**です。

彼がビジネスを始めるにあたっての指針とも言うべき哲学があります。それは、「クレバー／フーリッシュ・マトリックス」という選択軸です。クレバーは文字どおり、賢いで、フーリッシュは同じく愚か。彼はビジネスをするにあたって、賢いか愚かかという軸に沿って「YES／NO」を判断したうえで、実際に「やる」と決めたビジネスを成功させてきました。イーロン・マスクは自分から見て賢いか愚かか、また他人から見て賢いか愚かかという2つの軸を交差させてマトリックスを完成させています。すると、図のように、4つのゾーンが出現します。

①自分から見て賢く、他人から見て愚か
②自分から見て賢く、他人から見ても賢い
③自分から見て愚かで、他人から見ても愚か
④自分から見て愚かで、他人から見て賢い

この4つのゾーンのうち、イーロン・マスクがビジネスとして手がけるのが①です。なぜかと言うと、①は自分以外の誰もやろうとしないから。

起業家は常にビジネスチャンスがどこにあるかを探っていますが、いくら「これはイケる！」と自分で思ったとしても、同じように考える人がたくさんいれば、競争過多となって、成功するのも生き残るのも難しくなります。数多いるライバルに勝つためには、誰もやらないことをするしかありません。それが、「自分から見て賢く、他人から見て愚か」な事業です。

そもそも「愚かだ」と思っていることをビジネスにしようとは思わないものです。

図1 イーロン・マスクの選択軸

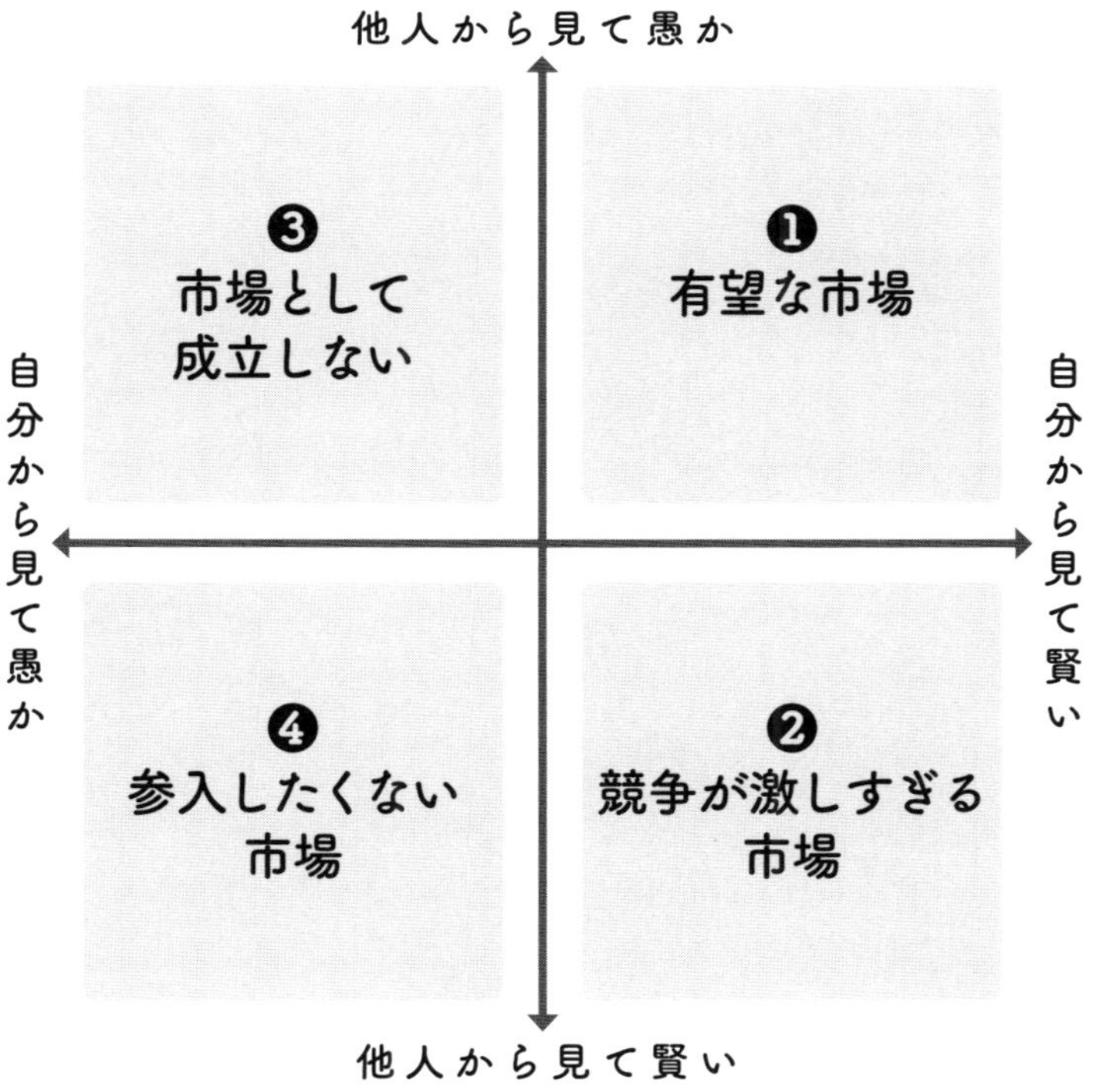

ただし、他人が愚かだと思っていても、自分自身が「賢い」と思っていることなら別です。参入する人はほかにおらず、事業化に成功すれば、独り勝ち状態になれます。イーロン・マスクにとっては、それがテスラであり、スペースXなのでしょう。

「自分から見て賢く、他人から見て愚か」は、誰もやろうとしないこと。それは、他人から見て「失敗する」と思われることです。

やり始めは「あいつは愚かなことを始めた」と嘲笑する人が多いに違いないですが、本人はどこ吹く風。「賢い」と思っていることをやっているだけですから、そんな外野の反応は気にもなりません。誰もやろうとしないことをトコトンやっていくのみです。

イーロン・マスクにしても、テスラやスペースXを始めたときに、「うまくいくはずがない」と、さんざんこき下ろされました。スペースXを始めるとき、友人たちから「失敗するぞ」と忠告されても、こう答えたそうです。

「僕もそう思う。おそらく失敗するだろうね」

それでも彼はうまくいくと信じて事業を続け、今ではビジネス界のスターになっています。かつての嘲笑がウソのように、賞賛を浴びています。ちなみに、彼は『60ミニッツ』というテレビ番組で、勝算がないと思われる事業になぜ取り組むのかという質問について、こんなふうに答えています。

「挑戦するだけの価値があるのなら、『やってみるべきだ』と判断したからですよ」(『マッピング思考（東洋経済新報社）』より)

誰もやらないことと言うのは、ＡＩでさえも「うまくいかない」という分析を下すはずです。本人が「賢い」と思わなければ、やる人は本当にゼロ。それでも自分自身の信念や行動力次第では、いくらでも成功へと導くことができます。マーケティング用語で言うと、ブルーオーシャン。

「自分から見て賢く、他人から見て愚か」という軸は、イーロン・マスク特有のものでもありません。読者のみなさんが取り入れても、大いに役に立つはずです。

本当に自分自身が「賢い」と思うことであれば、周りのすべてが「愚か」と思っても、やってみることです。おそらくＡＩさえも指示しないことですが、参入者がいないことをトコトンやっていけば、道は開けます。他人が「失敗する」と思っていることをやるのは、ＡＩ時代を生き抜いていく立派な生き方です。

ＡＩ時代の脳の活性化　リスクを恐れない。

ＡＩ時代の生き方
②間違いを気にしない

ひな壇に並べられたおひな様を正しく並べるゲームアプリ「ｈｉｎａｄａｎ」を当時、世界最高齢で開発した若宮正子さんには、何度もお目にかかっています。もともとＩＴの専門家でもなかった若宮さんですが、高齢者がカンタンに使えるゲームのアプリがなかったことから、自ら学んで開発したそうです。

それだけでも十分にスゴイことですが、若宮さんに見習いたいのはここから。ゲームアプリを開発したことがＣＮＮの目に留まり、連絡が来たとのこと。やりとりは英語でしたそうですが、相手から来た文章を翻訳ソフトで日本語に訳して、返事も日本語を翻訳ソフトで訳した英語で書いて送ったそうです。

そのやりとりをしているうちにＣＮＮの人も面白いと思ったのでしょう、「ニュースにする」と言ってきたそうです。英語で書かれた細かい質問項目を訳して、日本語で答え、それをまた英語に訳し直して送り返したところ、本当にＣＮＮで報道されることになります。

その報道がきっかけとなって、アップルのＣＥＯであるティム・クックと会ったり、国連でスピーチをしたりと、これまで比較的穏やかだった若宮さんの生活が、俄然、慌ただしくなっていきます。

今やＩＴのエヴァンジェリストとして活躍する若宮さんですが、もしＣＮＮからの英文メールに対して、「面倒くさい」とか「分からない」とスルーしていたら、今の生活とは違う展開になっていたかもしれません。もちろん、若宮さんのやったことはスゴイことなので、そのうちに世界から発見されて大活躍していた可能性はありますが、もう少し時間がかかったように思われます。

若宮さんは翻訳ソフトを使って、ＣＮＮとやりとりしていましたが、単語とか文法とかの細かいことは一切気にしなかったそうです。そういうことはＡＩが代わりにやってくれます。

何かをしようとするとき、それが自分がやりたいと思ったことであれ、人から頼まれたことであれ、「間違いがあると失礼だ」とか「正しくなければならない」とか気にして、即座に行動を起こせない人がいます。そんなことは気にする必要はなく、もはやＡＩに任せてしまってもいいのです。

その代わりに早く動き出して、ドンドン進めていくと、ものごとがうまくいくようになるし、有利な展開に持っていけるようになります。日本人はとかく几帳面で、間違いがあることを気にして、その分、行動するのが遅くなりがちです。逆に言うと、それはチャンスを逃しやすいということ。細かい間違いの修正などあとからいくらでもできるし、ＡＩを活用すればすぐにできます。

正確性を期するためにチェックすることはもちろん大事ですが、いたずらにチェックに時間をかけすぎるのは本末転倒。むしろ**多少の間違いがあっても、早くスタートしたほうがものごとはうまくいきます。**

時代のスピードが速くなっていますから、なおさら間違いを気にせずに、すぐに動き出すことが求められます。間違いを修正するためにＡＩを活用すれば、ドンドン行動できるようになります。

ＡＩ時代の脳の活性化

間違いがあっても気にせずに、すぐやる。

AI時代の生き方
③使命感を持つ

「カカオハンター」と呼ばれる人がいます。その人の名は、小方真弓さん。

もともとチョコレート原料メーカーに勤めていたものの、原料であるカカオがどのようにつくられているのかを知らないことに疑問を持ち、自ら南米などの原産地を訪れて現地の生産者の実態を知るようになります。生産者は決して恵まれているわけではなく、彼らを支援したいという思いから、また安心して口にできるカカオをつくりたいという思いから、独立して自らカカオを開発する会社を起業します。

専門知識があったとはいえ、独立して南米の生産者と共同でカカオの生産をするのは、カンタンなことではありません。世界には巨大資本を持つチョコレートメーカーがたくさんありますし、それらとも渡り合わなければなりません。資本の力では太刀打ちすることさえ不可能。

おそらく小方さんにあって、巨大資本のメーカーに足りなかったのは、使命感です。

もちろん、それはＡＩにもありません。

カカオ生産地を豊かにする。カカオ生産地と消費者の橋渡しになる——。そんな**使命感を持つのは人間にしかできないことであり、特権**です。

使命感を持って行動するとしても、現実にうまくいくかどうかも分からないし、幸せになれるとも限りません。ビジネスをする人の多くは使命感など気にしないことが多いでしょうから、こちらがどんなに素晴らしい考えを持って行動したとしても、豚に真珠になりかねません。

またジャングルや発展途上国に行くことが多いので、実際に危険が伴うこともあり得ます。それでも小方さんは紛争が頻繁に起きる中南米のジャングルにも生命の危険を顧みずに足を運んでいます。ゲリラには使命感や自分の生き方、カカオを栽培して生産者を豊かにするといった思想は通じません。彼らに捕まったら最後。そういう危険を冒してまで、ジャングルの奥地に足を踏み入れています。

ＡＩに聞けば、おそらく世界一おいしいカカオのつくり方や世界一おいしいチョコレートのつくり方を教えてくれます。実際にそのレシピどおりにつくれば、おいしいチョコレートをつくることは可能でしょう。

小方さんがやっていることは、そうしたものとは一線を画します。現地に行って生産者とディスカッションしながら、カラダにいい、それでいておいしい、世界のどこにもないカカオをつくること。そういうものができたとしたら、ＡＩさえ知ることもできません。なぜなら世界のどこにもないものだから……。

前述したように、ＡＩは使命感など持ちません。危険をものともせずにそれを貫こうとする小方さんのような人は、日本に限らず、世界を探しても少ないでしょう。

どんな分野やジャンルであれ、使命感を持って行動してみればいいのです。具体的にどんな行動をするのであれ、またたとえおカネにはあまり結びつかなかったとしても、そういう生き方ができること自体が素晴らしいことです。贅沢な生き方とも言えるでしょう。

使命感を持って行動することは、これからのＡＩ時代においてはますます必要になってくるし、イーロン・マスクのようにブルーオーシャンを行くことになります。充実した人生を送ることは間違いないのですから、実践してもらいたいことです。

ＡＩ時代の脳の活性化　世界のどこにもないものをつくれる。

AI時代の生き方

④好きをアイデンティティーにする

よく「1冊の本が人生を変えた」と語る人がいますが、シェイクスピア劇団の主宰者である木村龍之介さんも、その1人。木村さんの人生を変えることになったのは、ウィリアム・シェイクスピアの『マクベス』です。

『マクベス』を読んだのは、大学在学中で、若き日の木村青年は、2001年の9・11テロの映像を見て以来、生きる意味が分からなくなったそうです。そんな木村さんが出合ったのが、『マクベス』で、シェイクスピア四大悲劇の1つを読んで、その悩みがすっかり解決したとのこと。若き木村さんはシェイクスピア作品という一生モノの好きに出合うことになります。

シェイクスピアという作家の作品に触れて、自分自身が生涯かけて追求していくものだと強く感じた木村さんは、以降、シェイクスピア作品の素晴らしさを1人でも多くの人に伝えることが、アイデンティティーになります。シェイクスピアに触れてからは居てもたってもいられなくなり、大学在学中に作品を演出・上演する劇団活動を始めます。もちろん、今ではシェイクスピア作品の演出家として活躍しています。

まさに1冊の本が、木村さんの人生を変えています。別に本に限らず、音楽や絵画、あるいは映画とかスポーツなど、何かに出合ったことでその後の人生が大きく変わってしまったということは、よくあることです。また誰にでも起こり得ることです。

あとになって振り返れば、「あのとき出合わなければ、別の人生を歩んでいた」と思わざるを得ないほどの出合いはいつどこで起こるかは、まったく分かりません。その意味では、そうした出合いはセレンディピティーとも言えます。

アイデンティティーとは、自分自身の存在理由。または自分自身の軸。別の言葉で言えば、それに取り組むことが自分の生きる理由と思えるものが、アイデンティティーです。

人生という荒波を乗り越えようとすれば、ときに迷ったりくじけたりあきらめそうになったりすることが多々あります。そんなときに**迷ったりくじけたりあきらめそうになったりする自分自身の支えになるものが、アイデンティティーです。**

アイデンティティーがあれば、迷っても「こうすればいい」と方向性を見失わずに進むことができます。それが好きなものであれば、くじけたりあきらめそうになったりしても、人生という荒波を突き進んでいけます。

人生をかけて取り組むことが見つかれば、「何をしたらいいのか？」といちいち考えることもなく、たとえば、定年後の人生でも「これをやっていく」というものがあるので、退屈することもなくなります。そうして長い間、やっていると、「これをやるために私は生まれてきた」と思えるようになるし、まさに自分という人間が生きる理由になり得ます。

ＡＩには、もちろん、アイデンティティーはありません。今後、ＡＩがさらに進化して、「人間の役に立てるようにする」とか「世界で最高のＡＩになる」といったアイデンティティーを持つことがあるかもしれませんが……。

アイデンティティーを持てるようになると、自分という人間に１つの軸ができることになり、それが判断や選択、行動の基準になっていきます。あると、生きるのがものすごくラクになります。

木村さんにとってのアイデンティティーとは、「１人でも多くの人にシェイクスピア作品の素晴らしさを伝えること」ですから、彼自身が考えた演出でそれを実践していくに違いありません。シェイクスピア作品を上演する劇団は世界中に無数にありますが、「東京からシェイクスピアを発信する」というコンセプトのもと、木村さんが手がける作品は彼自身にしか演出できないものです。木村流の演出がなされると、世界のどこにもないシェイクスピア作品になり、ブルーオーシャンを行くことになります。

好きなことにトコトンのめり込めば、もちろん、脳内にドーパミンが放出されて、ますます活動的になるし、「もっと知りたい」「もっとうまくなりたい」「もっとできるようになりたい」と意欲的になって、成長していきます。脳にとっても、いいことずくめです。

好きをアイデンティティーにする――。AIにはマネできない、人間にしかできないことです。

AI時代の脳の活性化 アイデンティティーがあると、人生に迷いがなくなる。

AI時代の生き方
⑤AIで壁打ちする

1人きりでテニスの練習をするときに、壁に向かって打って跳ね返ってきたボールをまた打ち返していくという練習方法があります。それが、テニスの「壁打ち」です。野球でもサッカーでも同じように壁を利用して跳ね返ってくるボールを捕ったり蹴ったりする人もいます。

きちんとラケットでコントロールしていれば、横にそれたり前に落ちたりということもなく、ボールがちゃんと返ってきます。たんに壁に向かってボールを打つという練習方法ですが、意外と奥が深く、やってみると、けっこう難しいものです。

テニスの壁打ちと同じようなことは、AIを相手にしてもできます。実際にやっているのが藤井聡太さん。藤井さんは、AIを相手に将棋の壁打ちをしています。

もっとも、**AIで壁打ちするというのは、AIを相手にして練習するということ。**

藤井さんの場合で言えば、AIと対局することであり、真剣勝負です。今やプロの棋士よりも強いと思われるＡＩを相手にしているのですから、本格的なものであり、対局以上に疲れることもありそうです。

プロの棋士でもない私たちがＡＩで壁打ちするとしたら、どうすればいいかと言うと、ＡＩと切磋琢磨することです。将棋の研究をするのもかつてなら、将棋盤にコマを置いて架空の相手と対局して、「こう指したら、相手がこういう手を打つ」というように対局を模したかたちでやっていたのではないでしょうか。相手の得意な戦法を頭に入れつつ、自分ならこういう手を指すなどと、盤面を見て、「こうしたほうがいい」「こっちのほうがいいか」などと自分の頭で考えていたように思います。

今ならＡＩを相手にしてパソコンの画面を見ながら、その壁打ちができます。相手がＡＩなら自分が手を打ってからわずか数秒でコマを進めてきます。まるでテニスボールが壁から跳ね返ってくるのと変わらないスピードで……。

ＡＩが指した手に対して、じっくり考えてコマを動かしても、またほんの数秒で返してきます。トレーニングというよりは実戦さながら。いいえ、むしろプロの棋士より考えて手を打つ時間が速いですから、こちらも素早く考えて対抗する手を打とうとします。ＡＩとやっていると、考えて結論を出すスピードが速くなるので、結果として鍛えられることになります。超高速でテニスの壁打ちをするようなものです。藤井さんの無敵の強さの秘密は、ＡＩでの壁打ちにあるとも言えそうです。

将棋を例に出しましたが、勉強でも仕事でも同じです。ＡＩで壁打ちをしていると、とにかくレスポンスが速いので、こちらも素早く思考して選択しなければ、ついていくことができません。

ＡＩとの壁打ちについていくことができれば、否応なしにレベルアップできます。

トレーニングとしてはかなり高度な部類に入るでしょう。試験や商談、プレゼンなどの実際の場面でも、ＡＩとの壁打ちで培った実力を発揮すれば、いい結果を得られるはずです。

何をするのであれ、ＡＩで壁打ちをしていれば、実力を伸ばすことができます。多くの人にとって、極めて実践的なＡＩ活用法です。

ＡＩ時代の生き方
⑥二刀流で行く

ロサンゼルスドジャースの大谷翔平選手は、言わずと知れた二刀流の選手です。ピッチャーをしながらバッターとしてホームランを打つというベーブ・ルース以来、誰もがなし得なかったことを21世紀になって実現し、ＭＬＢ（メジャーリーグベースボール）では３度もＭＶＰを獲得しています。

そんな大谷選手のように二刀流をわけなくこなしていくのが、ＡＩ時代の生き方です。二刀流と言っても、野球のピッチャーとバッターを同時にやることに限定するわけではありません。ビジネスで言えば、本業と同時に副業をやるのも二刀流、あるいは本業をこなしながら趣味もガッツリやるのでもいいです。

脳は本来、複数のことを同時に処理するマルチタスク機能を持っています。マルチタスクをすると、脳が使う回路が増えることになり、処理能力もアップします。異なることを同時に行いながらもそれぞれをきちんと処理するマルチタスク機能を高めるためにも、二刀流はおススメです。

どんな二刀流がいいのかは、人それぞれ。条件を挙げれば、いずれも本気でやること。具体的には、仕事なら営業と商品開発を兼務するとか、マーケティングと製造の両方をこなすとか、まったく違う業務を兼ねるのもいいでしょう。あるいは、飲食の商売をしているのなら、昼はカレー屋で夜はおそば屋というのもアリかもしれません。昼はビジネスパーソン、夜は子どもにサッカーを教えるコーチとか、平日はビジネスパーソン、週末は農家という人もいるでしょう。

何をするのもOKですが、やっていることができるだけ離れているほうが脳をより刺激して活性化させます。違う分野であればあるほど、1つ1つを処理するのは難しいですが、だからこそ取り組んでいく過程でそれまで使っていなかった回路が機能するようになり、結果として脳が活性化します。まったく違うことを1人の人間がこなす二刀流をするのは言葉で言うほどカンタンではないですが、取り組む過程で脳を鍛えられるし、自分自身を成長させます。

なぜ二刀流をすすめるのかと言うと、脳機能活性化のほかに、付加価値を生むことができるからです。ＡＩを使いこなすことで仕事や勉強も以前より効率的に進めることができれば、より短い時間で終わらせることができます。ＡＩを使うことでこれまで6時間かけて行っていたことを1時間で済ませることも可能です。その余った時間を二刀流のもう1つのことに費やせば、成果を出すことも不可能ではないでしょう。ＡＩを駆使すれば、十分にあり得ることです。

これまで6時間かけて1つのことしかできなかったのに、ＡＩを駆使することでまったく異なるもう1つのこともできてしまうとなれば、それ自体が2つのことを同時に処理できる人材として自分自身に付加価値をつけることにもなるし、うまくコラボレーションできれば、まさに生み出したものをほかにはない希少価値とすることもできます。

営業と商品開発を兼務していれば、顧客の声をダイレクトに反映した商品をつくって、営業や商品開発を専業としている人には生み出せない付加価値をつくることになります。カレー屋とおそば屋を兼務しているなら、これまでなかったようなカレー南蛮を開発すれば、それぞれの専業には生み出せない付加価値をつくることにつながります。

1つのことだけに専念するのも、もちろん大事です。決してそれを否定しているのではありません。**異なることに同時に取り組むことで脳の機能をアップさせられるし、またそれによってできることが増えれば、自分自身の人生の選択の幅が広がります。**

大谷選手のようにＭＬＢでＭＶＰをとるような派手なことをする必要はなく、自分のできる範囲での二刀流を目指して推進していきます。「１つのことだけでいい」なんて遠慮するのは、ＡＩ時代にはもったいないことです。

もともと人間には二刀流をこなせるだけのポテンシャルがあるのですから、遠慮することはありません。二刀流を推進するのは、これからの時代のスタンダードとなっていきます。

ＡＩ時代の脳の活性化 積極的にマルチタスクする。

AI時代の生き方
⑦ユニークな発想をする

『ほがらか脳のすすめ』（集英社）という本で対談をした、ひふみんこと加藤一二三さんは、雑誌連載でギネス記録を持つ棋士です。その加藤さんはもしAIと対局しても「私は負けませんよ」と、豪語するほど自信に満ちあふれています。

加藤さんが「私はAIには負けませんよ」と主張するのには、根拠があります。それは、加藤さん自身がAIには考えつかないような手を打てるから。

AIは確かに強いし、実際にプロの棋士と対局しても勝っています。と言っても、AIが打つ手はAIが自ら考えたり編み出したりしたものではなく、端的に言ってしまえば、これまでの棋士の対局のデータの中から勝つ可能性が高いものを選んだにすぎません。その意味では、オリジナル性はゼロ。

AIが指す手はこれまでの名棋士が実際に打ったものに似ているものもあるでしょうし、複数の名棋士が打った手のいいとこどりをしたようなものもあるに違いありません。あくまでも過去に人間が指した手の延長線上にあって、なおかつ勝つ可能性が極めて高いもの。類似性もパクリもあると言ったら、不謹慎でしょうか。

加藤さんが打つ手は違います。あの独特の風貌どおり、これまでの棋士が考えつかなかったようなユニークなもの。ほかの棋士とは発想が違うので、現役時代は対局する相手もとまどうような手を打ってきました。

ほかの誰にもできないような発想をするのが、棋士としての加藤さんの真骨頂。おそらくほかの誰もが打たないような手を次々と繰り出すのが加藤さんの将棋であり、そうしてプロとして数々の偉業を成し遂げてきました。

加藤さんがＡＩと対局したとしたら、その打つ手はＡＩのデータにはないものばかりで、ＡＩさえもとまどってしまうかもしれません。加藤さんのペースになって、ＡＩが負けることも「なきにしもあらず」です。

ほかの誰もが思いつかないような発想をするのは、加藤さんのようなプロ、実績のある人にしかできないということではありません。やろうと思えば、誰でもできます。それには、あとの章で述べる「脱抑制」をする必要がありますが、ほかにも日ごろから常識とかセオリーにとらわれない考え方をしていると、ものの見方も柔軟になり、発想もフレキシブルかつユニークなものになっていきます。その発想が付加価値を生んでいきます。

知識の量では、逆立ちしてもＡＩに勝つことはできません。膨大な知識をもとにした計画や戦略を立てることもＡＩならすぐにできてしまいます。

ただし、これまでなかったものを生み出す、これまでにない新しいものをつくる、クリエイティブな発想においては、ＡＩは人間の足元にも及びません。**ＡＩにはデータにはないことを思いついたり考えたりすることは難しい**のです。

人間がこれまでになかったような新しいことを発想する。それを実現させるための計画や戦略をＡＩが具体的に立てる——。そうした役割分担がうまくできれば、人間とＡＩが共同で付加価値を生むことができるし、社会に役立つ新しい発明をすることも夢ではありません。

ＡＩ時代の脳の活性化　**誰も考えつかないようなことをひらめく。**

自分らしい生き方が問われる

以上、ＡＩ時代にスタンダードになる生き方を挙げてみました。もう１度、７通りの生き方を列挙してみます。

・「失敗する」と思われることをやる
・間違いを気にしない
・使命感を持つ
・好きをアイデンティティーにする
・ＡＩで壁打ちをする
・二刀流で行く
・ユニークな発想をする

このどれを実践していくかは、人それぞれ。自分に合ったものを実践していけば、ＡＩ時代にもバリバリと活動する生き方ができるようになるでしょう。

ロールモデルとして取り上げた人物もまさに老若男女。そのいずれもがスペシャリストとも言っていい人たちで、並外れた実績を持っています。だからと言って、怖気づくこともありません。別にこの人たちのように実績を挙げなければならないということはなくて、この人たちがしているような生き方は、誰にでもできます。実績の有無はまったく関係ありません。また生き方をそっくりマネする必要もないです。

自分に合った生き方を見つけて、自分のペースで実践していけば、ＡＩ時代になっても自分らしく生きていくことができます。いろいろな生き方を試してみて、最後に自分に合ったものを「これだ！」と選ぶのもアリです。

自分らしい、自分だけができる生き方――。ＡＩ時代になれば、誰もがそれを求められるようになるから、本当に自分に合った生き方を見つけて実践していってもらいたいのです。それが、幸せにつながることなのですから……。

ＡＩ時代の脳の活性化　自分らしい生き方を見つける。

5章

AI時代に身につけておきたい5つの力

ＡＩ時代に必要な力を身につける

これから本格的なＡＩ時代を迎えるにあたって、どんな力が必要になり、また身につけておかないと生き残ることが難しくなるのかは、多くの人が知りたいことでしょう。あらかじめ断っておきますが、それらは特別なことをして身につけるものではありません。ＡＩがまだなかった時代にも、またＡＩが普及し始めている現代も、そしてこれから本格的にＡＩが普及する時代においても、必要なことです。その意味では、人間が生きていくために必要な力は、古今東西を通じて変わりません。

その必要な力はそれぞれが独立してはいますが、複雑に絡み合っています。どれか1つを身につければいいということではなくて、可能な限り、すべてを会得していったほうがいいでしょう。次の5つです。

・質問力

・ボキャブラリー

・判断力
・疑う力
・インテリジェンス

また学校教育で学べるものでもなく、実社会で仕事やさまざまな付き合いを通じて身につけていくものであり、どうすれば会得できるのかという正解やコツもありません。いろいろな人たちとの交流の中で、ときに失敗しながらも、身につけていくものです。おそらくAIに聞いても、身につけ方を教えてくれないでしょう。

なぜこの5つが必要なのかは、追々説明していきますが、どんなにAIが進化してもこれらを身につけているかいないかで、天と地ほどの差が生じてしまうと言っても、過言ではありません。身につければ、AIを使いこなせるようになるし、会得できなければAIの指示どおりに行動するだけになります。

果たして、あなたはどちらになるでしょうか。もちろん、前者になることを望んでいますが、次からは1つ1つ説明していきます。

AIの真実 生きていくために必要な力は、古今東西を通じて変わらない。

AI時代に求められる力
①質問力

ＡＩ時代に求められるのは、何よりも「質問力」です。質問力は本格的なＡＩ時代になったときに必須のスキルとなっていくもので、もし1つだけ磨いておくとしたら、真っ先に選ばなければならないものです。

質問と言うと、たんに「分からないことを聞く」ことだと思って、何も考えずに単純にできることだと思う人もいそうですが、大げさではなくかなり高度な技術を必要とします。「質問することができれば、問題は半分解決している」と言っても、過言ではありません。

そもそも質問するには、本人が今どこにいるのかという「現在地」が分かっていなければなりません。現在地が分からないのにむやみに質問する人は本当に多いです。

現在地とは、言い換えれば、現状の把握。何ができて、何ができないのか、あるいは分かっていることは何で、分からないことは何なのかを、当の本人がしっかり把握できていること。その現在地が分からないと、質問のしようがありません。

成績がよくない人の中には、よく「勉強ができないんです。どうすれば成績が上がるでしょうか？」と質問する人がいますが、まさに現在地が分かっていない典型的なタイプです。成績がよくないとしても、すべての科目がよくないということはなくて（なかには、すべてよくないという人もいるかもしれません）、比較的できるものと、まったくできないものに分かれるはずです。それなのにすべてを一緒くたにして「成績がよくない」ととらえるのは、現在地が分かっていない証拠です。

現在地を把握するのは、自分自身を客観的にとらえること。そう、メタ認知です。

メタ認知ができていないと、的確な答えが返ってくる質問はできません。まずは自分自身がどこにいるかという現在地をしっかり把握しないと質問ができないので、この前提条件を押さえておく必要があります。

現在地が分からないと、的確な質問ができず、当然ながら、欲しい答えも返ってきません。できる教科もできない教科もあるのに、「成績を上げるにはどうすればいいですか？」と聞くと、「しっかり勉強すること」とか「予習復習を必ずやること」といった当たり障りのない、一般的な答えしか返ってきませんが、それは質問をした人が求めている答えではないはずです。

ＡＩに聞いても、答えは同じ。いいえ、忖度も気遣いもしないＡＩに聞いたら、こんな無味乾燥な答えを返してきます。

「成績アップには、継続的な努力と自分に合った勉強法を見つけることが大切です。焦らず、少しずつステップアップしていきましょう」

そんなことは言われなくても分かるよ……。そう言いたくなるでしょうが、それは現在地を把握していない質問をしたから。質問の仕方が悪ければ、いくら豊富な知識量を誇るＡＩでも、こちらが求める答えを返してくれるわけではありません。

質問力を制する者はＡＩを制す——。いきなり大上段に構えるようなことを言いましたが、質問力のある／なしはＡＩを使いこなせるか使いこなせないかという大きな分かれ道になることは間違いありません。

現在地を把握したうえで、ＡＩ時代に質問力を磨いていくには、何をすればいいのかと言うと、次の３つが挙げられます。

１つ目が、**ゴールを明確にする**。たんに成績を上げるのではなく、「○○の国家試験に合格できるだけの実力をつける」とか「△△大学に推薦入学できるように成績をよくする」というように、ゴールがどこなのかを明確にします。ゴールが分かってポイントを絞った質問をしていくと、求めている答えが返ってきます。

その答えは、ゴールまでの道筋。ゴールが分かっているからこそ、そこにたどり着くためのやり方や方法を得られます。あいまいな質問しかできないのは、現在地が把握できていないことのほかにゴールが明確になっていないことも一因です。

2つ目が、**足りないところを補う**。現在地が分かっていれば、自分自身に何が足りないのかも明確なはずです。その足りないところを補っていけば、実力は伸びます。記述問題が苦手なら、「記述問題ができるようになるには、どんなことに気をつければいいですか？」とピンポイントの質問をしていけば、欲しい答えが返ってきます。

反対に、今以上に伸ばすべきところがあるなら、それを強化していけば、同じように実力が伸びます。「選択問題でもっと正解率を高めるにはどうすればいいですか？」と質問すれば、いいヒントがもらえるかもしれません。

3つ目が、**不安の芽を摘む**。ゴールまでの道筋も足りないところを補うやり方や方法を入手しても、試験当日にどんなハプニングが起こるかは予測不能。「もし知らない問題が出たら」「もし習ったのに思い出せなかったら」と考えると、当日までに不安が大きくなって、肝心な勉強が手につかなくなることもなきにしもあらず。不安を抱えないように、事前にそうしたものを根絶する方法をＡＩに聞きます。同じような不安を抱えている人はたくさんいるはずですから、ピンポイントの質問をすれば、的を射た答えが返ってきます。その答えを知っていれば、試験日まで、もちろん、当日も不安にならずに済みます。

以上、３つのポイントをお伝えしましたが、そのうえでどんな質問をすれば、ＡＩを有効活用できるのかと言えば、やはり身の回りの問題の解決法です。仕事や勉強、あるいはそのほかのプライベートのことでもいいですが、自分が直面していることについて、その解決法、あるいはもっと効率的になる方法を知りたいときに、ＡＩに質問していきます。

言うなれば、**質問はAIをコンサルタントとして活用すること**。上司や先輩、同僚、あるいは友人知人に聞いたら、「そんなことで悩んでいるの？」「そんなことができないの？」と鼻で笑われそうなことでもいいです。ポイントを絞った質問をすれば、ＡＩはおそらくそうした人たちよりはるかに実践的、かつ役に立つ答えを返してきます。

あなたのことをよく知る、あなただけの専属のコンサルタント――。的確な質問をしていれば、ＡＩはあなたにとってそんな頼りがいのある存在になってくれます。ＡＩを使いこなすことで、ほかの人よりもグーンと抜きん出ることができます。

ただし、それを可能にするのは、質問力があってこそ。膨大な知識量を誇るＡＩから最適な答えを引き出すには、あなた自身に質問力が備わっていなければなりません。それは、ただ聞くのではなく、抱えている問題を解決するような答えが出てくる質問をしなければならないということ。誰にとっても一朝一夕にできることではないですが、磨いていけば必ず役に立つ答えを得られます。

ある意味では、ＡＩの力を引き出すのは、質問力次第。ＡＩ時代に最も必要なスキルです。

ＡＩの真実　的確な質問をすれば、欲しい答えを出してくれる。

ＡＩ時代に求められる力
②ボキャブラリー

続いて、ボキャブラリー。質問力に関係してきますが、ボキャブラリーはあればあるほどよくて、あって邪魔になることはありません。

ＡＩから最適な答えを引き出すには質問力がなければなりませんが、その前にボキャブラリーがなければ、何を言えばいいのかさえ分からなくなってきます。質問力の土台になるのが、ボキャブラリー。質問力とボキャブラリーは、コインの表と裏のような関係にあります。

ボキャブラリーと言っても、難解な漢字を書けるようになるとか、辞書を見なければ分からないような日常的に使われない言葉を知っていること、文学的な表現ができることを指すのではありません。あくまでも、自分の言いたいことを表現するのに最適な言葉を状況に応じて使いこなせるだけの言語量があればいいということです。

「お客さんと会ったのに、契約が取れない。どうすればいいですか？」と漠然と質問するより、「見込み客と会うことはできるのですが、1回だけで終わって次のアポが取れず、契約まで持っていくことができません。2回目のアポを取るには何が必要でしょうか?」と具体的に聞いたほうが、AIも的確な答えを返してくれます。ボキャブラリーがないと、ピンポイントの質問をすることができないのは、偽らざる事実でしょう。

ボキャブラリーを増やすには、一にも二にも読書をすること。新聞も悪くないですが、できれば小説や詩など、内面の表現が豊かな作品を読んでいくのがいいでしょう。夏目漱石やドストエフスキー、シェイクスピアなどが書いた名作を、一文一文を味わうかのように読んでいくと、自然にボキャブラリーが増えていきます。

豊富なボキャブラリーに裏打ちされた質問をしていくと、AIもピンポイントの答えを返してくれます。そのうえでその答えをすぐに実践していきます。ボキャブラリーも一朝一夕に増やせるわけではないので、毎日少しずつ名作を読んでいくしかありません。

AIの真実 **ボキャブラリーが豊富なら、いい答えが返ってくる。**

ＡＩ時代に求められる力
③判断力

ＡＩはこちらが指示したり要求したりしたことには、必ず応えてくれます。怠惰な人間とは異なり、的確かどうかは別として、スルーしたり忘れたりすることはありません。

ただし、ＡＩが出してきた答えが１００％うまくいくということもなく、もちろん、間違えることもミスすることもあります。出してきた答えを採用するのかしないのか、あるいは複数の中からどれを採用して、どれを却下するのかを判断するのは、あくまでも人間です。その判断は、人間にしかできません。

ＡＩ時代には、何をするにおいても、人間が持つ判断力が問われることになります。どんなにＡＩが的を射た答えを出したとしても、それを「最適だ」あるいは「ふさわしくない」と判断するのは人間。極端なことを言うと、せっかくＡＩが的を射た素晴らしい答えを出したとしても、「これはダメだ」と却下してしまったら、成果を出すことも効率化を図ることもできなくなってしまいます。

ＡＩが出す素晴らしい答えを「こんなものは話にならない」と却下してしまうのは、人間自身に判断力も、もっと言えば知識・スキル・経験値も実力もないから。だからこそＡＩが進化すれば人間も比例して成長しなければならないということになります。

ＡＩがするのは、答えを出すまで。それを実行するのかしないのかを判断するのも、実際にやるのもやらないのも、人間の判断力にかかっています。

判断力を磨くには、大まかに言って、３つの方法があります。人によって合う・合わないがありますが、できれば３つすべてをしておくと、どんなときでも「これだ！」という結論を導く判断力が培われていきます。

１つ目としては、**人がしないようなことをたくさん経験すること**。知識・スキルはもちろんですが、それ以上に多様な経験を積んでおくことです。

エスカレーターに乗るように同じコースを歩むのではなく、ときにはけもの道に進むような、ほかの人にはできないような奇特な経験をたくさん積んでいきます。カカオハンターの小方さんのように、危険をものともせずに世界中を駆け巡るような行動をしていけば、何をすべきか、何をすべきでないかという判断力が磨かれます。

2つ目としては、**美意識を持つこと**。自分なりの感性やセンスを高めておくと、「これはいい」「これはダメ」と玉石混交の中からズバリ、最適なものを選べるようになります。

金沢21世紀美術館館長である長谷川祐子さんは、展覧会の作品を決めるとき、「これじゃない」「これじゃない」とふさわしくない作品をドンドン除外していって、残った作品の中からふさわしいものを決めていくそうです。弾かれていった作品が別によくないというわけではなく、あくまでもその展覧会で展示するのにふさわしくないだけであって、長谷川さんの美意識からすれば好ましく思われなかったもの。たくさんある中から選ぶより、絞った中から「これだ！」と思うものを抜き出すほうが判断しやすいのでしょう。美意識やセンスは判断の軸になり得ます。

そう言えば、日本将棋連盟会長の羽生善治さんから以前、対局中に次にどんな手を指すのかを長考しているとき、１００とか２００とかの候補の中から「これは違う」「これも違う」と1つ1つ除外していって、最後に1つに絞り込んでいくという話をうかがったことがあります。長考していたとしても、指す手は「これだ！」と直感で決めていることが多く、その手が本当に最善なのかを検証するために、その除外していった手と比較して「これじゃない」「これじゃない」と外していくのが真相らしいのですが、いずれにせよ、その「いい／悪い」を決める軸となるのが、羽生さんの将棋センスなのでしょう。

3つ目としては、**失敗をたくさんすること。**コスパ重視、タイパ重視の人からは敬遠されそうですが、失敗をたくさんすることは経験を積むことであり、判断力を磨くのに役立ちます。発明王トーマス・エジソンは失敗について「うまくいかない方法を10000通り見つけただけだ」と発言しているように、成功するためのプロセスの1つとして位置づけています。

たくさん失敗するから、うまくいかない方法はどういうもので、どういう種類があるのかが分かるのであり、それを除外していけば、うまくいく方法に近づくことができます。最初からコスパ、タイパで失敗を回避していれば、うまくいかない方法を知ることもできず、うまくいく方法に近づくこともできません。

失敗を除外するのは、前述した美意識やセンスに沿わないものを外すことに似ていますが、よくない例を知ることは逆説的にいい判断をするための大きな材料になりますから、決してムダなことではありません。むしろ判断力を強化することにもつながります。

判断力が大事になるのは、実はもっと切実な問題があるからでもあります。ＡＩは決して完璧な存在ではなくて、間違うことも失敗することもあります。こちらが不適格な質問をすれば、人間のように忖度したり気遣ったりすることなく平然と的外れな答えを返してきます。

ＡＩが不的確な答えをしてきたときに、「これはよくない」と判断するのは最終的には人間です。ＡＩが責任感や倫理観を持っていないことについては、本格的なＡＩ時代になる前にもっと広く議論しておかなければならないことです。

トロッコ問題という倫理学上の大命題があります。線路を走っているトロッコが制御不能になってしまい、このまま分岐器を切り替えないでいると、５人がひかれてしまうが、切り替えると別の線路に移動させることができる。この場合、線路には１人しかいないが、今度はこの人が犠牲になってしまう。どちらにトロッコを走らせるかで犠牲になる人数が変わってしまうが、どちらを優先すべきかを問うのが、このトロッコ問題です。

５人を助けるためには１人が犠牲にならざるを得ず、１人を助けるには５人が犠牲になってしまいます。助ける人数が多いほうがいいと言われればそれも1つの考え方ですが、1人が犠牲になるのを防ぐことができません。

自動車の自動運転が機能するようになると、このトロッコ問題のような事態が起きないとは限りません。そのような事故を起こしたとき、AIは正解も知らないし、責任もありません。誰が責任を取るのかと言えば人間ですが、その前にトロッコ問題のような事態になったときにAIにどのような行動をすべきなのかという評価関数を決めるのは人間です。

トロッコ問題を突きつけられているのはAIではなく、実は人間です。自動車の自動運転で事故が起きたときにAIにどのように対応させるのかを決めるのは人間の判断力にかかっています。あなたならトロッコ問題のような事態になったときに、どのようにAIに指示するでしょうか。AIにトロッコ問題で「全員を助ける」という評価関数を設定することもできますが、その答えを出してくれるかどうかは、未知数です。

AIに指示すれば、答えを返してくれます。それを採用するかしないかは、人間の判断力次第です。同時に、AIにどのような指示をするのかを決めるのも、人間の判断力次第。

ＡＩ時代になれば、ＡＩに指示されたとおりに行動すればラクになるのではなく、むしろ人間がＡＩに対してどのように指示をすればいいのかを判断する場面がますます多くなっていきます。しかもその責任はドンドン大きくなっていくことでしょう。

判断力を高めるためには、人間自身がＡＩの進化のスピードについていけるような成長をしなければなりません。またしても人間が成長しなければならない必然性が発生します。

ＡＩ時代に不可欠となるのは、１つには質問力。もう１つには判断力。どちらも人間自身が自らを成長させていって高めていくしかありません。

人間が判断しなければならないことは増えていく――。ＡＩ時代の大いなるパラドックスです。

ＡＩの真実　人間が判断力を高めていくしかない。

AI時代に求められる力
④疑う力

2024年のアメリカ大統領選挙でもフェイクニュースやフェイク動画がたくさん出回ったのは記憶に新しいところです。AIはカンタンにフェイクニュースやニセの動画をつくれるようになりますから、今後は真偽が定かではない怪しいニュースや画像、動画が世界中にますますあふれていくことでしょう。「悪貨は良貨を駆逐する」が現実になってきています。

こういうニセのニュースや画像、動画をAIに学習させれば、真偽を見分けることもできますが、おそらくイタチごっこです。ニセモノをつくるほうも、真実を見極めるAIを出し抜こうとしますから、結局はエンドレスでイタチごっこが続くことになります。

AIにウソを見破るように学習させることのほかに、フェイクニュースにダマされないようにするには、結局は人間自身が見破れるようになっていくしかありません。

前述した判断力とも関連してきますが、情報を入手するときにはウソを見破れるようになっていくことです。言葉を換えれば、疑う力を持つこと。

日本人は、性善説の人が多く、フェイクニュースに接しても「これは本当だ」と信じてしまうお人好しのところがあります。そういう民族性を持つがゆえに、性悪説に立つのは気が引けるように感じる人も少なくないような気がします。いきなり性善説から性悪説に転換するのは難しいので、情報を入手するときにはせめてその中間のような態度でいるのがいいかもしれません。

その態度とは、ウラを取ること。真偽が定かではない情報に接したときに「そうなんだ」と信じて採用するのではなく、本当かどうかを確かめるようにします。「当たり前のこと」と思う人は多そうですが、裏取りをしている人はそれほど多くはありません。ましてAIがつくったフェイクニュースであれば、信憑性が高いようにできていますから、コロッと信じてしまう人はたくさんいます。

フェイクニュースに引っかかるのは情報弱者とは限りません。ノーベル賞を取るような人でも案外カンタンに信じてしまうものです。たとえば、ライナス・ポーリングは「ビタミンCを摂取するとガンが治る」という情報を信じていたくらいです。一般的な知識があれば「ビタミンCがガンを治す」などと言われても信じるはずがないのですが、ポーリングは信じてしまっています。

フェイクニュースにダマされてしまうのは、誰にも起こり得ることです。よく「俺はオレオレ詐欺になんか引っかからない」と豪語する人がいますが、そういう人ほどカンタンにダマされることがあるので、同じようなものでしょうか。

フェイクニュースにダマされないためには、まず性善説でも性悪説でもなく、「本当なのかな?」と疑ってみること。性善説の人からすれば、疑うなんて相手に悪いという思いがあるのかもしれませんが、敵はそういう心情につけ込んできます。人情の機微もないAIなら、人をだますことなど躊躇しません。

疑うのは悪いことではなく、自分を守ること。同時に、被害に遭う人をなくすこと。性善説の人だからこそ、疑う力を持って罪のない人をゼロにするために前面に立ってその力を発揮していきましょう。

具体的に、情報がフェイクかそうでないかを判断するには、AIの力を活用します。ここで真価を発揮するのは質問力。たとえば、「ビタミンCを摂取すれば、ガンは治りますか?」と聞けば、的確な答えを返してくれます。その答えを見て、フェイクかそうでないかが判明します。もし疑う力を持たなかったら、ライナス・ポーリングのようにあなたもフェイクニュースにコロッと引っかかるかもしれません。

疑う力は、判断力とセット。判断力を高めていけば、比例して高まっていきますが、日常的に情報に接することが多いときにはこちらの疑う力がないと、フェイクニュースに引っかかって判断を誤ることもあり得ますから、それぞれを独自に高めていくのがよさそうです。

もっとも、疑う力はＡＩが登場する以前から、日常生活を快適に送っていくためにも持っていなければならないものです。ＡＩ時代から必要なのではなく、ＡＩ時代になったからますます必要になってきたと言ったほうがいいかもしれません。

ＡＩの真実 フェイクニュースさえつくってしまう。

AI時代に求められる力
⑤インテリジェンス

AI時代に求められる力の最後は、インテリジェンス。インテリジェンスとは意思決定を行うための情報収集活動であり、もっぱら諜報活動として使われています。国家の戦略策定のためのあらゆる情報収集活動であり、ときにはニセの情報さえ流して相手側を混乱させるのもインテリジェンスの一環です。

もっと広い意味での情報の収集活動も含まれることから、前述した疑う力とも関連してきますが、微妙に異なります。とは言っても、両者がコインの裏と表のような関係を成すのは間違いありません。

情報を収集するにあたっては、それが本当なのかウソなのかをまず調べる必要があります。それを判定するときには疑う力が必要ですが、そこから先のその情報をどのように処理するのかは、まさにインテリジェンスです。たとえば、**疑う力を発揮してニセの情報だと判明しても、それを採用するのか、それとも破棄するのかは、インテ**

リジェンスです。

ウソだと分かっていながら採用することがあるのかと不思議に思う人はいそうですが、現実の世界ではよくあることです。ウソだと分かっても、さも真実であるかのようにふるまうとしたら、まさにインテリジェンスの出番です。

実際に、第二次世界大戦時のイギリスの諜報機関がまさにそういう行動をしています。イギリス軍はドイツ軍の暗号解読に成功したのですが、もし先回りしてドイツ軍を攻撃しようものなら、「暗号が解読された」ことがバレてしまい、新しい暗号に変えられてしまいます。新しい暗号に変えられてしまえば、それまでの努力が水の泡になりかねません。ドイツ軍に暗号を解読したことがバレないようにするために、攻撃されて多大な被害が出ることを厭わず、引き続き、ドイツ軍の暗号解読ができていないフリをしていきます。

そうして分からないフリをして、より重要な作戦の暗号解読を目指します。トロッコ問題にも連なりますが、このように相手側に分かっていないフリをして、所期の目的を達成するための活動を続けるのも、インテリジェンスです。

ＡＩを活用するようになると、情報の真偽を判定するのはもちろん、ニセの情報を駆逐し、正しい情報をより多くの人に伝えようとするインテリジェンスが求められます。国家間の諜報活動だけでなく、企業や一般の人にも求められるのは間違いありません。

インテリジェンスがなければ、「悪貨は良貨を駆逐する」の言葉どおり、ニセの情報が出回って、いつの間にか自分たちに不利な状況が形成されてしまうことは十分にあり得ます。こういうことは誰にでも起こり得ることで、だからこそ日ごろからインテリジェンスを発揮して、自分に有利な、かつ不利にならない状況をつくり出していく必要があります。

まだ本格的なＡＩ時代に突入する前の段階にあるので、ピンと来ないかもしれませんが、ＡＩがカンタンにフェイクニュースをつくり、それが頻繁に流れるのが当たり前になってしまうと、「ウソも１００回言えば真実になる」ような状況が形成されるのは日常茶飯事。フェイクニュースによって不利な状況になってから反論したり対抗したりしても、事情を知らない人からすれば、どちらが正しくて、どちらがウソをついているのかを判別するのも難しくなります。

個人的にどちらが本当で、どちらがウソなのかを調べるのはごく少数で、ほとんどの人がもっともらしくウソをついているフェイクニュースを信じてしまい、本当のことを主張する正しいほうをウソだと思ってしまうかもしれません。そうなると、もはやあとの祭り。一種の冤罪ですが、こういうことはこれから頻繁に起こり得ます。

言ってはいけない真実を言って炎上するのなら、本当のことを言っている分、まだいいほうで、誰かの悪意によってつくられたニセの情報によって不利益を被るのは、あまりにも理不尽。こうしたことは誰にでも起こり得ることで、そんなに遠い未来のことではありません。そうならないためにも、**インテリジェンスを発揮して、正しいことを発信して、ウソが広まらないようにしておく情報収集・発信活動をしておく**必要があります。

インテリジェンスは諜報機関に勤める人だけが持つものではありません。日常生活を送る私たち1人1人が持つべきものです。少なくとも本格的なＡＩ時代になれば必須になります。早くから身につけたほうがいいのは、言うまでもありません。

ＡＩの真実　ウソも100回言えば、本当になる。

図2 AI時代に必要な5つの力

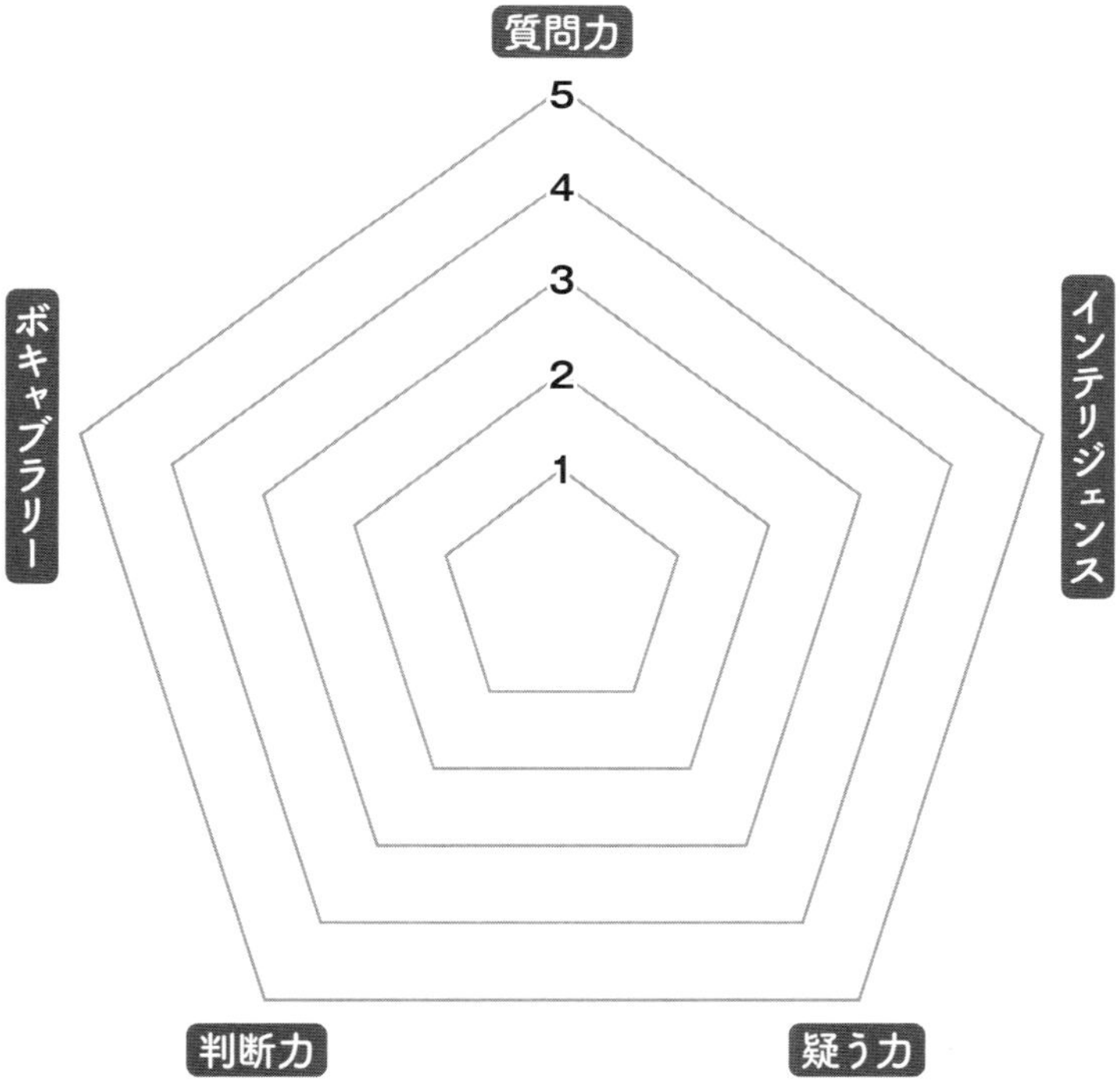

6章

AI時代の脳の使い方・鍛え方

不完全ゆえに脳には、「伸びしろ」がある

ＡＩ時代に求められる生き方／モデルケース、必要とされる力をお話ししましたが、これからを生きる人たちが「どのように脳を使っていけばいいのか」という疑問を持つ人もいそうです。最後の章では、そのことをお話ししていきます。

結論から言えば、「脳にしかできないことをしていく」になります。ＡＩがやったほうが速いこと、うまくできることはドンドンやってもらって、その分、人間は得意なことに注力していく――。好むと好まざるとにかかわらず、それが、これからの人間の行動スタイルになっていきます。

確かに脳はＡＩに比べれば記憶容量も小さいし、計算も遅いし、大量の資料や文章を読み込む力も劣ります。ＡＩに比べればできることは少ないとも言えますが、それゆえに「伸びしろ」があります。

人間が得意なこととは、感情表現や創造性を発揮すること。ＡＩにはできないこと、

不得意なことであり、なおかつ人間がその能力を大いに活かせることです。自分なりにそうしたものを見つけて、持っている力を投入すれば、自分のやりたいことを実現できるようになるし、幸せな人生を送れるようになります。もちろん、そのためにAIの力を大いに利用していくのはアリです。

それでは、脳をどのように鍛えれば、AIが不得意で、人間が得意なことができるようになるのかと言うと、残念ながらその方法はありません。たどり着くルートも存在しません。

こう言うと、肩透かしを食らったように感じる人が多いでしょうが、何か特定のことをするための脳の鍛え方は存在しません。英語を身につけたいと思ったら、特定の教材を使えば、ペラペラ話せてスラスラ読めるようになるということはなく、英語の本を読んだりニュースを見たり聞いたりドラマを見たりしているうちに、いつの間にか英語ができるようになるのであって、「これをすれば、こういうことができるようになる」という単純明快な方法論はありません。**関連するさまざまなことを同時にやっていくうちに、いつの間にか得たいスキルが身につくようになります。**このことはどんなジャンルにも共通することです。

ＡＩが不得意で、人間が得意なことができるようになるとしても、結局は脳を活性化していくほかなく、その方法は無数にあります。その全部とは言わないまでも、いくつかを同時並行的にやっていくと、脳のさまざまな部位が活性化していき、いつしかＡＩが不得意で、人間が得意なことができるようになっていきます。

それがどのくらいで可能になるかは人それぞれで、確定的なことは一切言えません。だからと言って、何もしないでいては脳も活性化せず、ＡＩの指示どおりに動く人間になるしかなくなります。それはそれでラクですから、そういう道を選択する人が多いとしても、「やめたほうがいい」とも言えません。

ただし、ＡＩを使いこなして、自分のやりたいこと、好きなことにトコトン取り組んで充実した人生を送ろうとするのであれば、脳を活性化する取り組みをしていくほうがいいです。その方法をこれから述べていきますが、いずれも即効性はなく、地道に取り組んでいくしかないものです。効果が表れるのは少し先になりそうですが、だからこそすぐにでも始めてもらいたいのです。

脳の使い方・鍛え方
①新しいことをドンドンやる

ＡＩ時代になれば、これまでとは社会も生き方もガラリと変わっていくのは間違いありません。これまでの延長線上にあるような生き方では通用しなくなるし、程度の差はあれ、誰もが変革を余儀なくされます。割合にスムーズにできることと、難儀することの両方があることでしょう。それは、誰でも同じ。

社会も生き方も変わっていくのですから、これからはすべてが新しいことに変わるという前提で行動していくのがいいように思います。「新しいことに積極的に取り組む」「新しいことをするのがデフォルトになる」生き方をすると、何が起こるのか分からないＡＩ時代を乗り切っていけます。

幸いにも、脳は新しいことが好きです。これまで見たこともない、新しいことを目の当たりにすると、ドーパミンが放出されます。新しいことを前にすると、「見たい」「知りたい」という欲求が高まって、それに取り組もうとします。これは、人間が生来的に持っている欲求です。

新しいことは前例がないことなので、創造性を発揮するチャンス。加藤一二三さんのように誰にも思いつかないことをやってみて、それがうまくいけば、スタンダードになるし、ブルーオーシャンを行くことにもなります。

新しいことはまだ方法も確立されていないので、失敗するリスクもはらみますが、早く始めればうまくいったときにノウハウを蓄積できます。先駆けてやればやるほど、先行者メリットを享受できるようになります。

その意味では、うまくいってもうまくいかなくても、飛び込んでしまうのがトクです。若宮正子さんのように間違えることを気にせずに、清水の舞台から飛び降りるような気持ちで飛び込んでみましょう。

新しいことをドンドンやる――。ＡＩ時代をたくましく生きるコツです

ＡＩ時代の脳の活性化　新しいことが大好き。

脳の使い方・鍛え方
②空白をつくる

1日のうちにどれだけの空白の時間を持つことができるのか――。これからのAI時代においては、想像以上に大切なことです。

空白の時間とは、ほかに何もせずにただボーッとすること。忙しない現代において、この「ボーッとする」のはとても難しいことです。5分でも、いいえ、たとえ1分でも「ボーッとしていなさい」と言われて、そうできる人はまずいません。もしあなたがそう命じられても、おそらく1分と経たずに、スマホに手を伸ばしてしまうことでしょう。

ボーッとするのは、何も悪いことではありません。それは、集中して何かに取り組んでいない状態です。逆に言えば、ボーッとすることに集中している状態。

脳には、デフォルト・モード・ネットワーク（DMN）という何もしていないときに働く回路があります。ＤＭＮは、何かに集中して取り組んでいるときには働かない回路です。

このDMNはふだんつながっていない脳の神経を結びつけることでつくられた新しい回路です。スポーツや勉強をしているときなどは、運動や記憶という特定の回路だけが働いて、そのほかの回路が働くことはありません。集中してスポーツや運動をしているときに、たとえばおしゃべりや遊びのときに働く回路が使われるようになったら集中できないし、いいパフォーマンスができません。何かをするときには、取り組んでいることに関係する特定の回路だけが働くようになっているからいいパフォーマンスができるのであり、結果を出せるようにもなります。

一方で、何もしていないときは、このDMNの出番となります。ボーッとしていると、もちろん運動や記憶の回路は働きません。そんなことが起こったら、ボーッとできないし、運動や記憶の回路が働き詰めになり、次にスポーツや勉強をするときにいいパフォーマンスが期待できなくなります。

ボーッとしているときは心身ともに休んでいる状態ですが、脳内ではこのDMNが稼働します。たとえば、運動や記憶以外のふだん使われていない回路を結びつけて、新しい回路をつくります。そうして新しい回路ができ上がると、不思議とアイデアが湧き出してきます。

みなさんもお風呂に入っているときや電車に乗っていて窓から見える風景を見ているとき、あるいはトイレで用を足しているときなどに、「アッ、これだ！」と、何かがひらめく経験をしたことがあるのではないでしょうか。それは、ＤＭＮの成せる業。**DMNは、アイデアの泉**です。ＤＭＮによってこれまでつながっていなかった回路が結ばれることで、脳内に新たに回路がつくられます。これまで考えつかなかった新しいアイデアが誕生した瞬間です。

１日の中で5分でも10分でもいいから、ボーッとする時間を持つのは、とても大事なことです。ボーッとするのは何もしないことではなく、実は新たなアイデアを生み出すきっかけをつくること。ボーッとするからこれまでつながっていなかった神経が結びついて新たな回路がつくられ、それによってアイデアが湧き出してきます。

ボーッとできないからと言って、空き時間の5分か10分にスマホをながめているとアイデアの泉を枯渇させることになるので、余計にもったいなくて残念なことです。ＮＨＫの番組『チコちゃんに叱られる！』では、主要キャラクターである「チコちゃん」が「ボーっと生きてんじゃねーよ！」と出演者を叱っていますが、脳科学的に見たら誤りです。

これからのＡＩ時代はものごとを効率的に進めていって、以前よりはるかに時間をつくることが可能になります。その空いた時間に何をするのか。ちょっと時間が空くとスマホをいじりたくなりますが、これは避けたいことです。

1時間の空き時間が発生したとして、何もそのすべてをボーッとすることに費やす必要もありません。ボーッとするのは5分とか10分で十分。

あるいは空き時間にウォーキングするのもいいかもしれません。何も考えずに歩いていても、ＤＭＮが稼働します。音楽やオーディオブックを聴きながらではなくて、周りの風景を楽しみながら歩くといいでしょう。何かをしながらウォーキングすると、関連する回路が稼働して、ＤＭＮが働かない可能性があります。

京都には、銀閣寺から南禅寺にかけて哲学者西田幾多郎が散歩した「哲学の道」があります。西田幾多郎は、その哲学の道を歩いていると、新たなアイデアが湧いてくるから、好んで散歩していたように思われます。

おそらくその哲学の道を歩いていると、ＤＭＮが稼働して新たな思考が生まれていたに違いありません。西田幾多郎自身はＤＭＮのことなど知らずに、ただ散歩していただけなのでしょうが、空白の時間を有効活用していたとも言えます。

AI時代には、ものごとを効率的に処理できるようになるから、必然的に空白の時間が発生します。その余った時間は、積極的にボーッとしていましょう。AI時代ならではの時間の有効活用法です。

DMNはアイデアの泉。ボーッとするのは、脳をうまく使いこなすことにほかなりません。

AI時代の脳の活性化
1日5分とか10分ボーッとする。

脳の使い方・鍛え方
③継続する

ＡＩを使うメリットに効率化が挙げられます。人間が1時間も2時間もかかることをＡＩならわずか数秒、長くても1分くらいでやってしまうのですから、使わないほうがソンと言うか、もったいなくなってきます。

そのＡＩを使いこなすためには、前章で述べたように、人間自身も成長して知識を蓄えスキルアップし経験を積んでいかなければなりません。何も学ばないで使いこなせるようになるほど、ＡＩはお安いものではありません。ＡＩを使いこなせるようになるには、人間自身も負けず劣らず学んだり行動したりしなければならないというのは、一種のパラドックスです。

ＡＩは、「鏡」です。それは、ＡＩを使おうとするときに自分自身が培ってきたものがそのまま出るという意味です。よくも悪くも、等身大の自分がＡＩによって露わになります。その意味で、鏡になります。

ということは、ＡＩを使いこなせるようになるには、ＡＩという鏡に映る自分自身を磨いていくしかないということ。ＡＩを使って効率化や生産性の向上を果たそうと思うのならば、自分自身を成長させていくしかありません。

ＡＩを使いこなす脳になるために必要なことはいくつもありますが、その１つが「継続する」こと。どんなことであれ、コツコツと継続することでしかものにすることはできないし、上達することも不可能です。

「１００００時間の法則」と言われるものがあって、**何かを始めて上達してその道で通用するようになるまでには10000時間練習や勉強をしなければならない**というものです。このことは、どんなジャンルにも言えることです。

別の言葉で言えば、「継続」です。１００００時間は、１日に3時間取り組むとしても10年弱の年月がかかることを表します。これほどの長期間、何かに取り組めば、自分の中に確固たるものを築き上げることができるし、知識・スキル・経験も十分に身につきます。

継続して繰り返すことで脳の回路が強化されて、取り組んだものごとが身につきやすくなります。そうした土台を自分の中につくり上げると、ＡＩを使いこなして効率化や生産性の向上も容易に果たせるようになります。

１００００時間はあくまでも「たとえ」なので、必ずしもそれだけやらなければならないということはなく、８０００時間でも５０００時間でも十分な場合もあるでしょう。ともあれ、何かに継続して取り組むことが自分自身の中に確固たるものをつくることになるのであり、最低限取り組むべきことです。

自分の中に土台がある人と土台がない人とでは、生きていくうえでものごとへの対応で格段の差が出てきます。それは、ＡＩがなかった時代もこれからのＡＩ時代も同じです。

何かを身につけるには、継続する以外にナシ。継続することで知識やスキル、また経験を身につけられるのですから、どんなこともコツコツとやっていく以外にありません。老若男女を問わず言えることです。

継続せずに大きなことを成し遂げた人は、１人もいません。ＡＩをより効果的に使いこなすようになるには、継続すること。どんなジャンルにも当てはまることです。

ＡＩ時代の脳の活性化 継続すれば、脳の回路が強化される。

脳の使い方・鍛え方④試行錯誤する

ＡＩを使いこなすのは、「コスパ」「タイパ」そのものです。若者の間ではコスパやタイパを重視する風潮があり、ＡＩ時代にはそうしたあり方がますます加速するのは否めないことです。

それを推進するのは本人の自由ですが、コスパ、タイパによって得られるものは何もありません。控えめに言っても、得るものは少ないです。

ＡＩ時代だからこそ、試行錯誤しながらムダなことや遠回りすることを厭わない生き方を模索していきます。そのほうが結果的に自分のためにもなるし、ＡＩ時代を生き抜けるようになります。

ＡＩを使いこなすのはコスパ、タイパだと言いながら、「コスパ、タイパはよくない」と言うのは矛盾しているように感じる人もいるかもしれません。それは、ＡＩについて多くを求めていることで生じる誤解です。

ＡＩ自体が完璧ということはないし、人間が何かを要求しても、その指示を読み取れないこともあります。またＣｈａｔＧＰＴに質問したとしてもこちらの指示があいまいだったら、適正とは言えない答えを出すこともあり得ます。

仮に指示したとおりに行動しようとしても、実力や準備が不足してこちらの態勢が整っていない状態だとうまくいきません。ＡＩの指示どおりにやろうとしたものの、うまくいかず何度も何度もやり直す羽目になったとしたら、もはやコスパ、タイパとは無縁。コスパ、タイパを求めて、ＡＩに聞いたり回答を出させたりしても、そのとおりにやってうまくいくかどうかは別問題です。

そもそも、ものごとを習得していく過程とは失敗を繰り返していくものです。試行錯誤、創意工夫をしながら、何回でもうまくいかないところを軌道修正して、少しずつうまくなっていきます。

ＡＩが指示することは、そうした試行錯誤、創意工夫、軌道修正のプロセスをすっ飛ばしたものです。多くの人がやってきて、ほとんどの人がうまくいくであろうノウハウでありやり方なので、実際にやってみるとうまくいくことは多いでしょう。自分自身でその試行錯誤、創意工夫、軌道修正のプロセスを経ずにできるようになれば、確かにコスパであり、タイパです。

ＡＩの指示どおりにやってうまくいったとしても、それは自分自身が苦心惨憺して身につけたものではなく、ドラえもんの秘密のポケットから取り出した道具を使って成功させただけのこと。自分の中にノウハウを蓄えたわけではありません。効率的にものごとを行っただけで、自分自身の成長に寄与した部分は極めて少ないです。

ものごとを短時間で効率的に処理したという結果だけを見れば、コスパ、タイパになっていますが、次も同じことをするときにＡＩがなければ何もできない状態になります。もちろん、ＡＩを使えば、効率的に処理できますが、こうしてＡＩ頼みが続くと、ドラえもんがいなければ何もできないのび太のようにならざるを得ません。それでいいという人は、もちろん、その生き方をすればいいでしょう。

コスパ、タイパだけを追求して、ものごとを身につけようとしても、うまくはいきません。うまくいかず、「ああでもない、こうでもない」と考えて試行錯誤したり悪戦苦闘したりすることに、ものごとを身につける醍醐味があります。その過程には、「ムダ」が存在します。

それでも、そのムダを重ねることで知識やスキルが身につき経験値が増えていって成長していきます。なんでもかんでもコスパ、タイパばかり追求していると、醍醐味も知らずにいるので、実はとても悲しく残念なことです。

あとから見ると、そのムダはものごとを習得するための必要経費であると分かります。ものごとを身につけたら、「ムダと思えたことがムダではなかった」と分かります。ムダをムダと思うのは、ある意味では価値観。脳自体はムダとかムダではないと判断することはなく、やったことを「ムダだった」と思うのは、自分自身が成功や結果にとらわれているからこそ思うことです。

ムダをムダと思っているうちはまだ成長途上……。ムダを厭わずに行動していくことで成長するし、自分の中に知識やスキル、経験が蓄積されていきます。

おそらくイーロン・マスクが「他人から見て愚かなことでも、自分から見たら賢いこと」をしているときも、試行錯誤したはずです。その行動を見ていた周りの人は「ムダなことをしている」と思ったに違いないですが、遠回りしてでもやり続けたから、イーロン・マスクはブルーオーシャンに行き着くことができたのでしょう。

脳の使い方・鍛え方
⑤孤独になる

コロナ禍のおかげと言うか、ビジネスの世界でもリモートワークが当たり前になってきました。その後、オフィス勤務への揺り戻しがあるようですが、独りで作業をするのはこれからの時代、生産性を上げる意味でも慣れておきたいことです。

偉大な芸術家は、よく缶詰めになって作品をつくると言われますが、仕事でも勉強でも缶詰めになってやるほうが集中できるし、効果も高まります。「1人になるとダラダラしてできない」と言う人は、きちんと取り組める工夫をしていないにすぎません。「独りになる」を言い換えれば、孤独になって、退路を断つこと。締め切りを設定して「いつまでに完了させる」と決めれば、ほどよいプレッシャーとなって、集中できるようになります。「1人になるとダラダラしてできない」という人こそ、孤独になるべきです。また孤独に慣れるべきです。

なお、孤独になるときはタイマーをセットするとか、スマホの電源を切るとか、メールやＳＮＳを一切しない、ゲームとかマンガとかつい現実逃避してしまうようなものを置かないといった、孤独になれる環境を自らつくります。芸術家のように何日も缶詰めになるようなことは、あまりにも非現実的です。**ビジネスパーソンや学生の場合は、1日のうちの2時間とか3時間と決めて、その時間だけは孤独になって、仕事や勉強に取り組む**のが現実的です。

自分にとってやらなければならない大事なことは孤独になって取り組む——。それをきっちり終えれば、ほかのことは自分以外の誰かと一緒にやったり共同作業をしたりすればいいのです。やるべきことをしっかりやってしまえば、ほかのことをやるのにしても余裕が持てます。

ほかのことをやっているときに「早くあれをやらなければ」と、やらなければならない大事なことのほうに気が向いてしまうと、なおざりになって一緒にやる人に迷惑をかけかねません。孤独になってやるべきことに先に取り組むことでやるべきことの生産性も高まるし、ほかの人との作業も効率よく行えるようになります。

脳の使い方・鍛え方
⑥睡眠・食事をしっかりとる

ＡＩを使いこなすことでやるべきことを効率的に短時間で終わらせられるようになると、時間に余裕が生まれます。その余った時間でほかのやるべきことをしていけば、二刀流が可能になるし、勉強や趣味、スポーツに割くことも可能になります。

おそらく本格的なＡＩ時代になれば、「忙しい」アピールをする人も減ってくるし、もしそういう人がいるとしたら、本人が能力不足やＡＩを使いこなせずに四苦八苦しているのを露呈する結果に終わります。「忙しい」アピールは、ダサく映ります。

余裕ができた時間をほかの何に使えばいいのかと言うと、健康の維持・増進です。ＡＩ時代になれば生産性が上がって付加価値を生めるようになりますが、だからと言って心身両面に負担がかからないかと言えば、そうでもありません。ＡＩの力を借りるにしても、作業自体は高度化かつ複雑化するでしょうから、今よりも集中して取り組むことを余儀なくされます。ＡＩの活用で生産性が向上したとしても、それに比例しておそらく疲労が蓄積されることは必至。心身に与えるダメージは意外と大きなものになりそうです。取り組む時間が短く、上げる成果がより大きくなったとしても、その分、疲労も増すことになりそうで、終わったあとにリフレッシュする時間を持つことは必要不可欠。リフレッシュした自分に生まれ変わらせなければ、翌日以降にダメージも残ることでしょう。

疲労回復には何よりも睡眠をとること。個人差はありますが、1日7時間はたっぷり寝て疲労回復を図りたいものです。私の知人の堀江貴文さんは1日8時間睡眠をとることにしており、それが彼のパフォーマンスを発揮するうえでの大きな土台になっています。MLBで活躍する大谷翔平選手も1日に10時間睡眠をとると言われており、それが彼のパフォーマンスを生み出す源泉と言ってもいいでしょう。

睡眠には、疲労回復以外にも大きな役割があります。それは、記憶の整理。脳は寝ている間に前日起きたことの中で大事なことはしっかり覚えて、どうでもいいことは忘れるようにするという記憶の整理を行っています。**睡眠をしっかりとるからこそ、覚えたことをしっかり記憶できるようになる**のであり、寝不足の状態では覚えたことは記憶として定着しません。一夜漬けの効率が悪いのは、その最たる証拠。

疲労回復と記憶定着のためにも、しっかり睡眠をとる——。そうすることで安定的なパフォーマンスを発揮できるようになります。

睡眠の次に健康にとって不可欠なのは、食事です。消化のいいものをとることは脳を整えることにもつながります。**「脳腸相関」と言われ、腸の調子を整えることが脳の機能を活性化させることが明らかになっています。**腸の調子が悪ければ、脳もうまく機能しなくなります。その逆に、腸の調子がよければ、脳機能も活性化します。

睡眠と食事と言うと、なんともアナログ的で、AIとは何の関係もないように思うかもしれませんが、この2つは安定的なパフォーマンスを発揮するうえでの大前提です。

AIを活用していいパフォーマンスをしようと思えば、心身ともに健康でいなければならず、その土台をつくるのが睡眠と食事です。

睡眠と食事は、古来、人間が生きていくうえで欠かせないものでしたし、それはAI時代になっても変わりません。不規則な生活を送るようでは、AI時代を乗り切ることが難しくなると言っても、決して過言ではありません。

脳の使い方・鍛え方
⑦脱抑制をする

ＡＩが進化すればするほど、人間自身も成長を迫られます。もし人間が成長しなければ、進化のスピードがけた違いのＡＩについていけなくなるだけでなく、ＡＩの進化についていった人に圧倒的に差をつけられかねません。

ＡＩにも、成長した人間にも置いていかれる……。そんな過酷な状況に追い込まれてしまいます。ＡＩだけならまだしも、同じ人間に置いていかれるのはなんともつらいことです。

ＡＩ時代は成長することが生き残りのカギ。どんな分野で成長していくのかは人それぞれであり、自分が「これだ！」と思って選んだ分野でＡＩを活用していけば、ＡＩに負けず劣らず成長していくこともできるでしょう。

脳は無限に成長することができます。その脳を成長させるには、自分自身をガマンさせないこと。言い換えれば、脱抑制すること。

やりたいけど、できない……。たとえば、おカネや時間がなくて、やりたいことができないとしたら、自分自身の気持ちを抑制しています。やりたいのであれば、おカネや時間がないことを理由にせずに、やってみればいいのです。

おカネや時間がないとしたら、それこそＡＩを活用していきます。「おカネ（時間）がなくても実現する方法を教えて！」とＣｈａｔＧＰＴに聞けば、わずか数秒で答えを出してくれます。それを参考にすれば、おカネや時間がなくてもやりたいことに取り組めるようになるし、知識やスキルが身につけばできることが増えていって、選択肢が広がります。

とにかく脱抑制して、やりたいことをやってみる。ＡＩの力を借りて、できる方法を探して、試行錯誤しながらやっていきます。

「おカネ（時間）がないからできない」と言っているうちは何もできず、何も蓄積できませんから、なんの成長もしないし、ＡＩが進化するのを横目に見ながら、自分自身をコモディティー化しているだけです。付加価値を生み出すこともできず、ＡＩにドンドン置いていかれることになります。

抑制は脳にとってもストレスであり、機能不全に陥りかねない危険な兆候です。脱抑制することで、脳はドンドン活性化していきます。

何よりも脱抑制は脳が喜ぶことです。できるかどうか、うまくいくかどうかなど考えず、また何かがないからできないと言い訳せずに、やりたいことがあるのなら、脱抑制して行動に踏み出していきます。

やりたいこと、好きなこと、興味があることは、ブレーキをかけずに、とにかくドンドン取り組んでいきます。それは脳にとって新しいことであり、取り組めば、ドーパミンが放出されます。

たとえば、ダイエット中にご褒美としてスイーツをちょっとだけ食べると、無性においしく感じ、またうれしくなるのは、やりたかったのにガマンしていたことをやることで解放感を覚えるから。脱抑制すると、脳内にドーパミンが大量に放出されます。それがさらなる行動に駆り立てて、うまくいくようになると、ドーパミンが放出されて、さらにやろうという気になります。脱抑制してやりたいことに取り組めば、成長のスピードがグーンと加速します。

脳の使い方・鍛え方
⑧手書きでメモする

私はこのところ手のひらサイズの小さなノートを持ち歩くようにしています。何かアイデアを思いついたときに、すかさずそのノートにメモをします。ふだんはカバンに入れており、移動中や打ち合わせ中に「これは！」とひらめいたら、すぐにノートとペンを取り出して、ササっとメモします。

そのアイデアのすべてが何かに活かされたわけではないにしても、とにかく思いついたことは記録するようにしています。実にアナログですが、意外と使い勝手がよくて、自分でも驚くほど重宝しています。

手書きでメモすることの何がいいのかと言うと、３つの理由が挙げられます。

最初に、**アイデアの紛失を防げる**こと。もともとアイデアの命ははかないもので、思いついた瞬間に記録しておかないと、すぐに忘れてしまいます。記録しておかなかったために、あとになってからなかなか思い出すことができず、「さっきは何を考えついたんだっけ?」と、途方に暮れることもあります。実際にそういう体験をした人は、少なくないでしょう。

メモをしておけば、それも思いついた瞬間にすぐにメモをすれば、たとえ時間が経って忘れたとしても、あとから見つけることができます。アイデアが行方不明になることも防げます。もっとも、肝心のノートをなくしたりしなければですが……。

次に、**記憶されやすい**こと。思いついたことを書く。その書かれた文字を見る。できれば声に出して読む。たんに思いつくだけでなく、アクションを1つか2つ加えるだけで、記憶に定着しやすくなります。脳の回路をより多く使うことで記憶しやすくなるのですから、メモは取らないより取るほうがいいのは言うまでもありません。

最後に、**さらなるアイデアを掘り起こす**。書かれた文字を見ることで触発されて、「こういうのはどうだろう?」「こういうのもアリかな?」と、芋づる式に新しいアイデアが出てくることがあります。毎回そうなるとは限りませんし、新しく掘り起こされたアイデアが画期的である保証もないですが、少なくともメモをしたからこそ付随することが呼び起こされたのも事実です。頭の中でひらめいただけなら、単発のアイデアで終わる可能性もありますから、出てくるものがどうであれ、メモをとることで関連することを掘り起こしやすくなります。メモを取ることは、さらなるアイデアの呼び水になることです。

このように手書きでメモをすることは、脳の活性化にもなります。ノートならすぐにカバンから取り出して書けるし、持ち歩くのにも面倒になりません。

スマホやパソコンも悪くはありませんが、会議など大勢がいる場合、意外にひと目があって気が引けるものです。何よりスマホの場合、暗唱番号を入力する手間がかかるし、パソコンの場合、電源を入れる必要があります。スピードにおいても、ノートに軍配が上がります。

メモをするアクションを取り入れると、脳の中でアイデアの掘り起こしが習慣になって、次々に新しい考えが浮かぶようになります。その**アイデアについてAIに「どうしたらいい？」と聞いてみたら、具体的な実現方法を答えてくれる**でしょう。すぐに実践することで実現のメドも見えてきます。手書きのメモを習慣に取り入れるのは、脳活性化としては実に優れた方法です。

AI時代の脳活性化法 ペンとノートを持ち歩く。

エピローグ

AIの活用で人間の可能性は無限に広がる

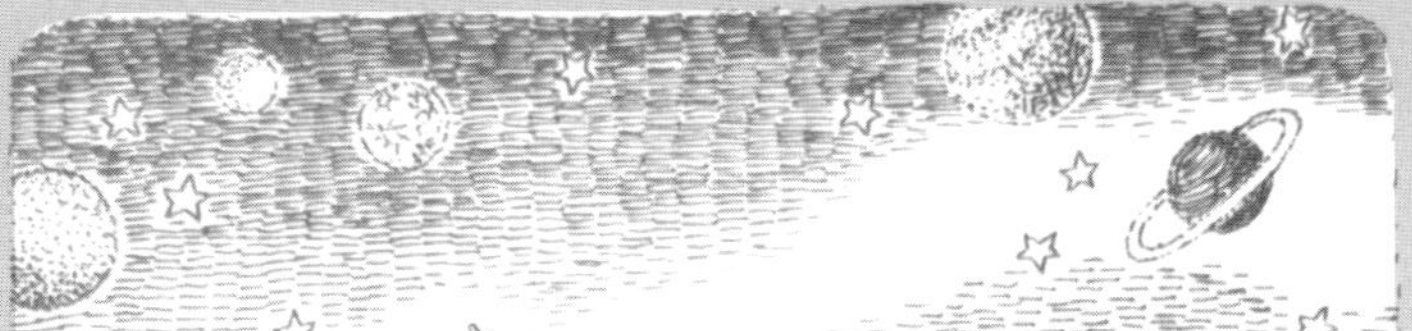

ＡＩは第三の黒船

日本人にとってＡＩとは、黒船。それも第三の黒船……。最後の最後にこんなことを言うと違和感を覚える人もいそうですが、結局のところ、日本人にとってＡＩとはそういう存在にほかなりません。

黒船とは言うまでもなく、幕末に日本にやって来たアメリカの軍船です。その黒船が江戸時代に続いた鎖国を解かせて、日本を脱亜入欧への道に至らしめることになったのですが、それが最初の黒船。

第二の黒船は、第二次世界大戦後のダグラス・マッカーサー率いるアメリカ軍。アメリカによって日本は民主化され、その後、東西冷戦を契機にして経済大国への道を突き進むことになります。

第三の黒船が、今まさに日本社会に浸透しつつあるＡＩ。21世紀を生きる日本人にとって、かつてのアメリカ軍に相当するようなインパクトを持つのがＡＩです。

しかもその影響力はアメリカ軍の比ではありません。仕事から教育制度、日常生活のあらゆる面において変えてしまうほどのパワーを持っています。その影響を受けない人は、1人もいません。影響を受けないようにするには、AIのない人里離れた山奥でひっそり暮らすしかないでしょう。

第三の黒船を受け入れるか、それとも拒否するかは、自由。1人1人が判断力をもって決めるべきことです。

もし受け入れると判断したのなら、トコトン活用して、自分自身のプラスとなるようにしていきたいものです。ここまで本書を読み終えた人なら、自分自身の力でそれができるはずです。

そういう人が日本中にたくさん出現すれば、第一の黒船、第二の黒船を迎え入れたときのように、日本は三度発展していくことでしょう。そうなることを切に願っています。いくら黒船だからと言っても、「恐るるに足らず」です。

日本人にとってのラストチャンス

メタ（旧フェイスブック）ＣＥＯであるマーク・ザッカーバーグは、「ＡＩは多様なものになる」という発言をしています。ＧＡＦＡの一角である企業のトップがこういう発言をするのは、大変興味深く感じられます。

ザッカーバーグは、１つのＡＩがすべてを支配するのではなく、何百万、何十億もの個別のＡＩが共存共栄していくような未来を思い描いています。

おそらくこれからＡＩも用途ごととか場面ごとに開発されて、さまざまなところで使われるようになって、人間社会に役立つものになっていくのでしょう。一神教の人たちが「こうでなければならない」と１つのＡＩを絶対視するのでなく、オープンソース化することで、ＡＩを進化発展させていきたいようです。

極端なことを言うと１人１人が自分に合ったＡＩをカスタマイズして使いこなしていくようになるのかもしれません。別にコードを知らなくても、今のスマホのアプリのように各人がＡＩを使いこなせるようになれば、効率化や生産性の向上がなされて、私たちの社会はより豊かに、かつ充実したものになっていきます。

誰にでも開かれたものになっているべきだし、マーク・ザッカーバーグが言うように、開発する側はそういう方向を目指していったほうが、人間にとっても好ましいものになるでしょう。一神教ではなく八百万の神を受け入れている日本人にすれば、このザッカーバーグの考え方のほうがしっくりきます。

ＡＩを第三の黒船と言いましたが、**日本にとってAIを活用していくことは、またとないチャンス**です。この機を逃したら、もはや失われた30年どころではなく、永遠に復活することはできないという危機感さえ持っています。まさにラストチャンス。

そんな危機感を表明するのは、実はＡＩと日本人は親和性が高く、また日本人はこういうものを使いこなすだけのポテンシャルを持っていると感じるからです。ドラえもんや鉄腕アトム、さらにはアイボなどのロボットに対して、日本人は世界に先駆けて親しみを感じていましたし、そういうものを開発するのにも積極的です。日本人ならではのＡＩの活用法を見つけていくと、そこに勝機があります。

積み重ねてきたもので勝負する

ＡＩを使えば、ものごとをパパっと終わらせられるし、ラクになります。それで終わっては、ドラえもんの秘密道具で宿題を早めに終わらせてマンガを読んでいるのび太と同じ。せっかく宿題を終わらせても、のび太は何１つ身につけていないし、成長しないままです。

ＡＩを活用するとしても、自分の中に何かを積み上げるのは、結局は自分自身。ＡＩはものごとを速く処理したり質問したことの答えを出したりできても、自分の中に知識やスキル、経験を積み上げてくれるわけではありません。積み上げるのは、自分自身にしかできないことです。

もしＡＩが知識やスキルといったものを自分の中に積み上げてくれたとしても、それは砂上の楼閣。「積み上げた」と思った瞬間に崩れてしまうほどもろいものです。

自分の中に積み上げるのは継続して取り組んでいく以外にありません。１０００

時間とまでいかなくても長期間継続することで、自分の中に知識やスキル、経験値が積み上がっていきます。

何を積み上げるかは、自分自身が決めること。その**積み上げたものでＡＩと対峙していけば、有効に活用できて、効率化と生産性向上を進めていき、自分自身を成長させて充実した人生を送ることができる**でしょう。日本中にそういう人があふれれば、失われた30年を取り戻して、再び世界をリードするような国になることも夢ではないでしょう。

ＡＩは私たちの生活をより便利で豊かなものにもすれば、反対に仕事を奪って活躍する場すら与えてくれないものになることも考えられます。すでに言いましたが、人間にとっては諸刃の剣。

それは、ＡＩが私たち人間に対してどちらを選ぶかを強いるということではありません。私たち自身が自らどちらを選ぶかを決めることです。１人１人がＡＩを自らに役立つものにするか、反対に自らのクビを絞めるものにするのかを選択するということ。どちらを選ぶかは、その人次第。ＡＩに対する向き合い方で決まっていくとも言えます。

1人1人が「生きがい」を持つ

ＡＩに対してどのように向き合っていけばいいのかは、本書でお話ししてきました。あとは本書を読んだみなさんが１人１人判断していくことになります。

催促するわけではないですが、その判断は早ければ早いほうがいいです。「まだどういうふうに進化するか分からないから、もう少し様子を見よう」と判断を先送りするようでは、ＡＩの進化のスピードが速すぎて、置いてきぼりになることもあり得るでしょう。そうなってからＡＩに対する向き合い方を決めても、取り得る選択は限られます。結論はすでに出ています。ここまで本書を読んできたみなさんなら、もう分かっているはずです。

最後にもう１つ、ＡＩ時代に必要になるものを言います。本書でも少し触れた「生きがい」です。

生きがいを持つことはＡＩ時代においては必要不可欠。むしろ、**持たなければＡＩ**

時代に幸せで充実した人生を送ることが難しくなっていきます。決して脅しで言っているのではありません。誰もがそうなってしまう可能性が高いから指摘しているまでのことです。

ＡＩ時代には生産性も向上し効率化も進みますから、現在より多くの空白の時間を持てることになります。仕事の時間も半分とか3分の1になれば、副業をしてもいいし、趣味にドップリ浸かってもいいです。余った時間を何に使うかは、自由。

おそらく多くの人が「時間を持て余す」ことになりますが、そのときにあると人生の支えになったり方向性を指示してくれたりするのが「生きがい」です。生きがいがあれば、もちろん、仕事にも積極的に取り組めるし、余った時間も有効活用できるようになるでしょう。

その生きがいが自分の人生の中心になるし、うまくいかないときでも落ち込んだ自分自身の支えになってくれます。うまくいく／うまくいかないにかかわらず、人生の指針となって迷ったり悩んだりする自分自身を導いてくれます。

ＡＩ時代だからこそ必要なもの

生きがいがＡＩ時代に欠かせないと言うと、実感を持てないかもしれませんが、質問したり指示したりすることに対して素早く答えたり処理したりしてくれるＡＩが身の回りにあふれるようになると、ものごとがドンドン快適、かつスピーディーに進んでいき、なんでも順調にいくようになります。ときには失敗もあるでしょうが、それさえもＡＩに指示すれば、素早く軌道修正できて、リカバリーできてしまいます。どんなことも快適に処理されて、不満も少なくなります。

こういう生活がいいのかと言えば、もちろん悪くはありません。ただし、無味乾燥で、面白みに欠けます。ドラマや感動も少なくなります。仕事や生活は快調かもしれませんが、満足感や面白さ、達成感を得にくくなります。ＡＩが私たちの人生を豊かにしてくれることはあっても、面白く感動的にしてくれるわけではありません。ＡＩには感動もクオリアもないのですから、それも当然です。なかには、「つまらない」

と感じる人も出てくることでしょう。自分の人生を面白く感動的にできるのは、あくまでも人間。人生を面白くしたり、感動あふれるものにしたりするには、人間が本来持っているべきものがどうしても必要になってきます。

「あなたにとって心から大事にしている一番のもの」「あなたに喜びを与える小さなこと」

私が初めて英語で書いた本「ＩＫＩＧＡＩ」では、生きがいをこのように説明しています。ＡＩ時代になればなるほど、生きがいは必要になるという私の主張は決して大げさなものでも時代遅れのものでもありません。本格的なＡＩ時代になってから、「そう言えば、そんなことを言っていた脳科学者がいたな」と思い出してもらってもいいですが、まだＡＩ以後に突入したばかりの時期に生きがいを持ってもらえば、これからのＡＩ時代を無味乾燥にすることなく、面白く、かつ感動的な人生を送れるようになります。

なんのつながりもなさそうなことがあとから深い関係にあったと分かることが、世の中には少なからずあります。生きがいとＡＩも、その１つ。ＡＩ時代に欠かせないのは間違いないので、本書の最後に私からのメッセージとすることにします。

ＡＩを活用すれば、ルネサンスは花開く！

ＡＩ時代は、効率化や生産性向上を通じて、人間のポテンシャルをさらに最大化できる時代です。自分のやりたいことをトコトン追求して、人生を謳歌していけば、ルネサンスのような黄金時代が到来するのも夢ではありません。

読者のみなさんにはそうした希望を持って、これからのＡＩ時代を生きていってもらいたいと願っています。

１人１人がＡＩを活用して自分自身を成長させていけば、あなた自身の人生にルネサンスが到来します。**ルネサンスの担い手は、これからのＡＩ時代を生きる１人１人です。**

ＡＩはあくまでも目的ではなく、手段。１人１人の人生を幸せで充実したものにするために活用すべきものです。機械や道具などこれまで人間が発明して使ってきたものよりもはるかに有用で効果的なものですから、「使わない」という選択肢はもはやありません。

どのように活用していけばいいかは、本書でお話ししてきました。あとはみなさんが自分の人生に活かせるようにカスタマイズしてもらえばいいでしょう。ＡＩを活用したあなたの人生にルネサンスの花が咲き誇ることを願ってやみません。

おわりに

本書を最後までお読みくださり、ありがとうございます。またお疲れさまでした。脳科学者がＡＩについて語るというユニークな本について、読者のみなさんがどのような印象を持たれるのかは興味津々です。「役に立った」「あまり使えそうに思えなかった」「納得した」「違和感を覚えた」「意外なことばかりだった」「これから大変だな」など、いろいろな感想があることでしょう。

ＡＩの進化はまさに現在進行形なので、いくら具体的な活用法を詳しく述べたとしても、すぐに古い情報になりかねません。読者のみなさんにとっても、それは本意ではないでしょう。

そのため本書ではＡＩに対する向き合い方、ＡＩを活用する際の人間のあり方にフォーカスしています。どんなにＡＩが進化しても、人間側の向き合い方やあり方がガラリと変わることはないでしょう。また時代遅れになったりすることもないように思われます。

もっとも、ＡＩの活かし方も１人１人異なります。読者のみなさんが自分なりのＡＩへの向き合い方を見つけるためのきっかけとなることがあれば、本書の一番の活用法になるような気がします。本書が少しでも読者のみなさんの人生のプラスに寄与することになれば、著者として望外の喜びです。

最後になりますが、本書を世に出すきっかけを与えてくれた徳間書店の武井章乃さん、何冊も私の本を手がけてくれる岩崎英彦さん、素敵なイラストを描いてくれたほりうちこさん、写真撮影をしてくれた佐藤宏樹さんに感謝を申し上げます。どうもありがとう！

読者のみなさん、またどこかでお会いしましょう。その日まで、お元気で！

２０２５年2月

茂木健一郎

ＡＩ時代に起こること

1 すべての人の人生がけもの道になる

2 常識が非常識、非常識が常識になる

3 コスパ、タイパを追求しがちになる

4 時間を奪われる

5 年齢のハンディがなくなる

6 世界がマーケットになる

ＡＩ時代に必須な力　質問力

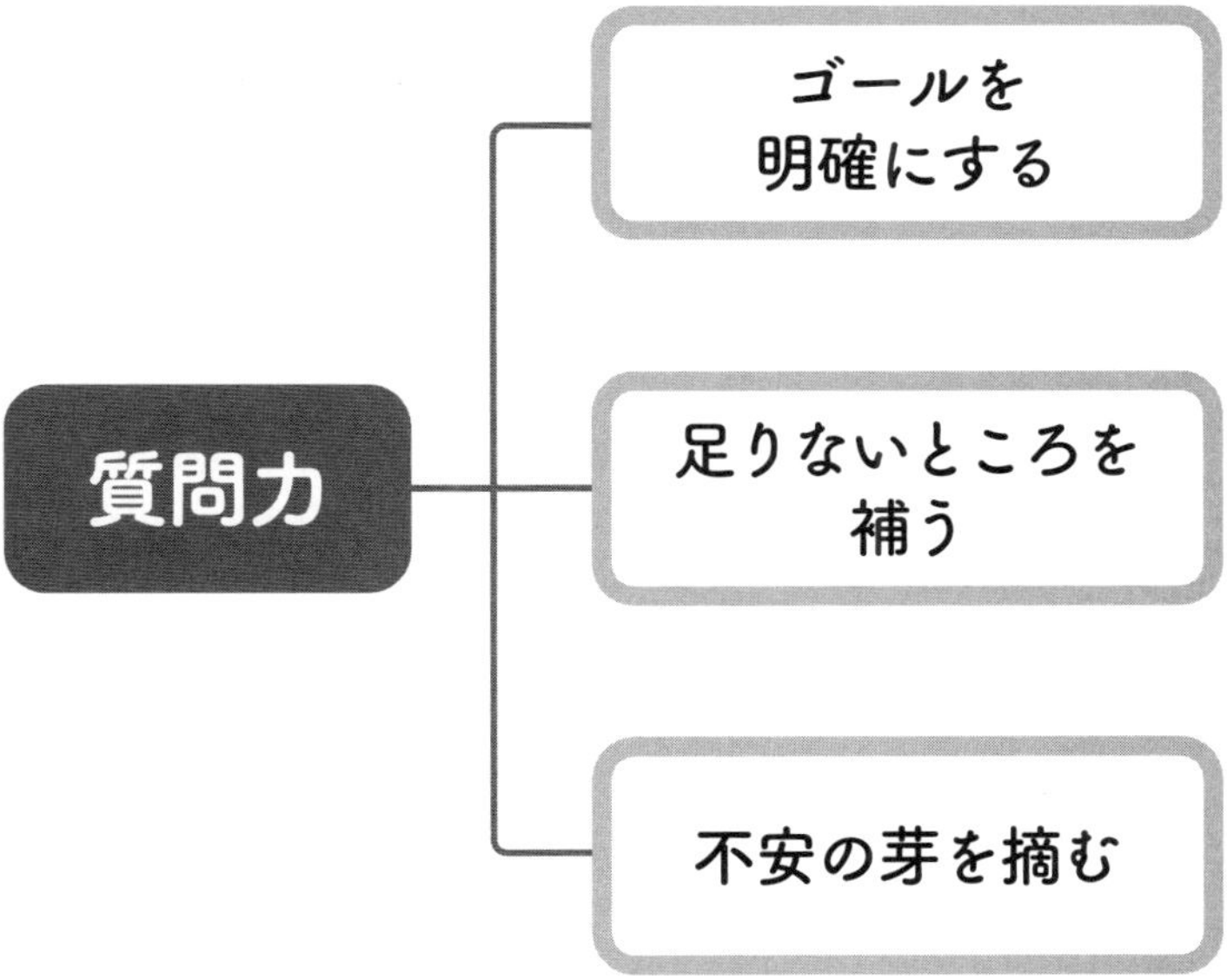

ＡＩ時代に必須な力　判断力

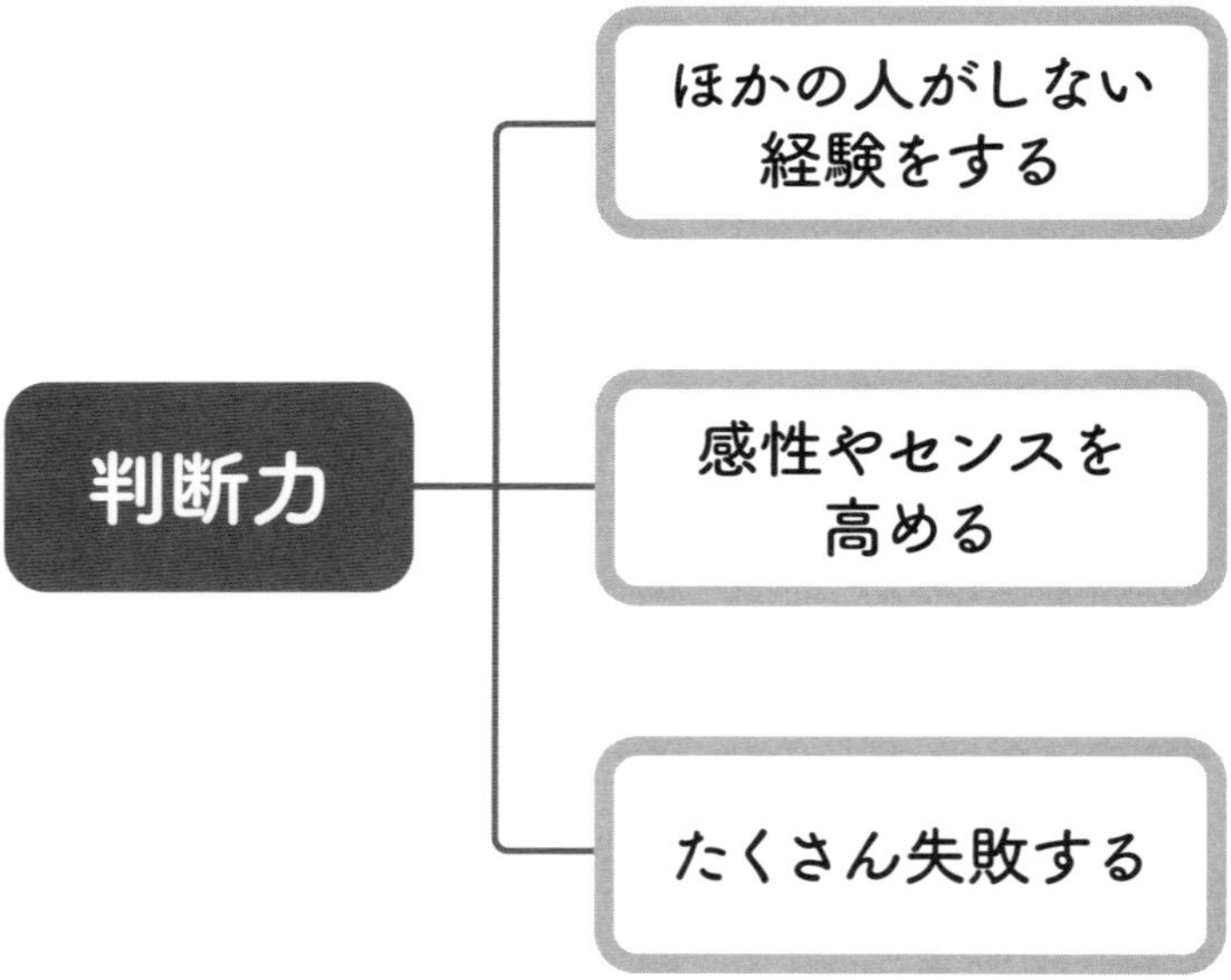

ＡＩ時代の脳の使い方・鍛え方

1 新しいことをドンドンやる

2 空白をつくる

3 継続する

4 試行錯誤する

5 孤独になる

6 睡眠・食事をしっかりとる

7 脱抑制をする

8 手書きでメモする

【著者略歴】
茂木健一郎

1962年生まれ。脳科学者。東京大学理学部、法学部卒業後、東京大学大学院理学系研究科物理学専攻課程修了。理学博士。理化学研究所、ケンブリッジ大学を経て、ソニーコンピュータサイエンス研究所シニアリサーチャー。東京大学大学院特任教授（共創研究室、Collective Intelligence Research Laboratory）。東京大学大学院客員教授（広域科学専攻）。屋久島おおぞら高校校長。
『脳と仮想』（新潮社）で第四回小林秀雄賞、『今、ここからすべての場所へ』（筑摩書房）で第十二回桑原武夫学芸賞を受賞。著書に、『「ほら、あれだよ、あれ」がなくなる本（共著）』『最高の雑談力』（以上、徳間書店）『脳を活かす勉強法』（PHP 研究所）『最高の結果を引き出す質問力』（河出書房新社）ほか多数。

脳はＡＩにできないことをする
５つの力で人工知能を使いこなす

2025年３月31日　第１刷

著　者　茂木健一郎
発行者　小宮英行
発行所　株式会社徳間書店
〒141-8202　東京都品川区上大崎3-1-1
目黒セントラルスクエア
電　話　編集（03）5403-4344／販売（049）293-5521
振　替　00140-0-44392

印刷・製本　株式会社広済堂ネクスト

ISBN978-4-19-865995-0